W0171475

Schott · Die Zugspitze

Heinrich Schott

DIE ZUGSPITZE

*Gipfel der Technik, Triumphe
und Tragödien*

Süddeutscher Verlag

BILDNACHWEIS

Joachim Blauel-ARTOTHEK, Planegg b. München: S. 53. AV, Sektion Garmisch-Partenkirchen (Echt Photo): S. 171 (links oben). Photo Beckert, Garmisch-Partenkirchen: S. 55 (oben/unten), 74 (unten), 76 (unten), 94, 96 (F. Kölbl), 150/151 (unten), 171 (links unten), 207 (oben). Photo Beranek, Unterammergau: S. 129 (unten). Photo Blumenthal, Garmisch-Partenkirchen: S. 95, 170 (links unten/re. oben). Archiv BZB, Garmisch-Partenkirchen: S. 76 (oben), 83, 172, 203 (S. Reindl). Archiv DAV (Toni Hiebeler), München: S. 36, 41, 58, 150 (links oben). Archiv Deutsche Bundespost, München: S. 149. Photo Deutscher Wetterdienst, Offenbach: S. 56 (oben). Photo ESA/DFVLR/Zeiss: S. 18/19. Photo Ettl, Bergwacht, Grainau: S. 208. Photo Gruber, Grainau: S. 75. Pressephoto Siegfried Heim, Garmisch-Partenkirchen: S. 20, 152. Huber-Photo, Garmisch-Partenkirchen: S. 54, 93, 129 (oben), 132, 169, 171 (re. oben), 205. Klammet & Aberl-Luftbild, Germering b. München: S. 73, 74 (oben). Luftbild Max Prugger, München: S. 17. Photo Seichter, Grainau: S. 206. Photo Silvestris/Danegger, Kastl/Obb.: S. 130, 131. Archiv des Autors: S. 56 (unten), 150/151 (oben), 170 (links oben/re. unten), 171 (re. unten), 207 (unten).

Mit 44 Abbildungen, davon 5 in Farbe sowie 5 Illustrationen im Text
Schutzumschlag: Kaselow Design, München

ISBN 3-7991-6338-7

© 1987 Süddeutscher Verlag GmbH München
Alle Rechte vorbehalten · Printed in Germany
Satz: Dörlemann-Satz, Lemförde
Reproduktion: Wenschow, München
Druck und Bindung: Mohndruck, Gütersloh

Inhalt

Meiner Frau Gertrud Cornelia
gewidmet zum Dank für vier
Jahrzehnte treuer Mitarbeit.

Einführung

Die Zugspitze ist der höchste und berühmteste deutsche Berg. Doch: Was wissen wir von diesem Berg wirklich? Im Grunde ziemlich wenig – außer ein paar Zahlen von Höhenangaben und flüchtige Bilderinnerungen an sonnengebräunte Ski-Haserl oder stäubende Slalomfahrten.

In Wahrheit sind Berge gleichsam erregende Wesen von unverwechselbarer Eigenart, sie haben ihre Geschichte und eine Zukunft – freilich in Zeitmaßstäben, die in ihrem Ausmaß dem menschlichen Gehirn kaum annähernd begreifbar sind. Und außerdem: Auch am scheinbar toten Fels oder im Gletschereis gibt es Leben in ungeheurer Fülle, gibt es Schönheit und Kampf im ewigen Wechsel.

Den Lebenswundern der Zugspitze nachzuspüren, das Lebensbild eines der interessantesten unter den Giganten der Alpen zu zeichnen und seine Eigenart zu umreißen, das ist der Sinn dieses Buches. Anlaß dazu ist die Tatsache, daß nach dem ereignisreichen Zeitraum von mehr als 160 Jahren, in dem die Zugspitze und der Mensch gemeinsame Erlebnisse gehabt haben, sich ein Abschluß all der Bemühungen um die Erschließung dieses einzigen deutschen Fast-Dreitausenders abzeichnet. Dem Berg haben wir ›Fesseln‹ angelegt: Heute ›besitzen‹ wir ihn – und was man besitzt, sollte man kennenlernen. Beginnen wir also, das Portrait dieses Giganten zu zeichnen.

9

Die ›Geburt‹ der Alpen

»Stirnrunzeln der Gäa«

Unerschütterlich und unveränderlich scheinen die Riesen unserer Alpen dazustehen für alle Zeiten. Dennoch hatten sie eine ›Geburt‹ und werden auch einen ›Tod‹ haben. Ihr Werden und Vergehen erscheint wie ein Drama ohne Schluß vor dem Hintergrund der Ewigkeit. Kaum irgendwo vermögen wir uns eine bessere Vorstellung von diesem ewigen Spiel zu bilden, als wenn wir uns die Entstehungsgeschichte unserer Berge vor Augen zu führen versuchen. Die Zugspitze mit ihren Gipfelnachbarn ist selbst Hauptfigur in einem erregenden Akt des großen Dramas. Und obgleich der Mensch selbst soviel jünger ist als die erdgeschichtlich ›jungen‹ Berge der Alpen, so kann es nur gewinnbringend für ihn sein, die Jahrtausende des gewaltigen Schöpfungsvorganges zu beleuchten. Man mag noch soviel Vorstellungskraft besitzen – mit den Dimensionen und Zeiträumen selbst unserer ›kleinen‹ Erde wird man kaum fertig. Schon ein Berg wie die Zugspitze in einem so kleinen Gebirge wie den Alpen stellt unsere Phantasie vor eine schwere Aufgabe, wenn wir versuchen, die Entstehungsgeschichte nachzuvollziehen.

Es war einst, wie der Dichter sagt, nur ein »Stirnrunzeln der Gäa«, der Mutter Erde, und die Riesen unserer Alpen mit Höhen bis über 4000 Meter waren geboren. Längst haben die Wetter wieder an den Giganten genagt; sie stehen nur noch als Trümmer vor uns – obwohl sie zu den *jungen* Bergen gehören. Ein ungeheures Drama in vielen Akten und über Jahrmillionen hinweg muß sich in den Erdepisoden der Alpengeburt abgespielt haben.

Nehmen wir an, – wie die Forschung – daß unser Planet etwa fünf Milliarden Jahre alt ist; so dauert die Urzeit und die Altzeit seiner Entwicklung vom glühenden Ball zur heutigen Gestalt etwa zwei bis drei Milliarden Jahre; und die Frühgeschichte der Erde mag etwa vor eineinhalb Milliarden Jahren begonnen haben. Zu dieser Zeit gab es in einer schon sehr lange dauernden Entwicklungsreihe Kalkalgen und wirbellose Meerestierchen.

Das sich anschließende Altertum der Erde umfaßte seinerseits einen Zeitraum von rund 300 Millionen Jahren und brachte Kontinente, Wälder und Kriechtiere hervor. Selbst im anschließenden Mittelalter der Erdgeschichte sah man außer eines Urstockes noch nichts von unseren Alpen, obwohl die Groß-Saurier in jener Periode schon wieder im Aussterben begriffen waren. Erst im Tertiär, vor etwa 30 Millionen Jahren, begann das eigentliche ›Drama‹ der Alpengestaltung. Noch erschütterten gewaltige vulkanische Ausbrüche die Erdkruste, während sich schon Urbilder heutiger Säugetierformen herausbildeten und in der Wüste Gobi mit winzigen, spitzmausartigen Säugern das Urglied in der Entwicklungsreihe geschaffen haben, an deren Ende heute der Mensch steht.

Versuchen wir, uns die Zeiträume des ›Alpendramas‹ klar zu machen: Teilen wir die gesamte Erdzeit mit ihren rund fünf Milliarden Jahren in einen Tagesablauf von 24 Stunden ein. Wir beginnen mit der Erschaffung der Erde um Mitternacht, und kommen nach 24 Stunden, also wieder um Mitternacht, in unserer Gegenwart an. Daraus ergibt sich folgendes Bild der Erdzeitalter und der Entstehung der Alpen: Der glühende Erdball durchrast – entstanden um Mitternacht – die Zeit bis etwa 10 Uhr vormittags, ehe sich seine Oberfläche zu verfestigen beginnt. Gegen drei Uhr nachmittags sehen wir das erste Leben auf der Erde; aus den fürchterlichen Wassern tauchen erste Gebirge auf. Wenn unsere Modelluhr bereits auf 10 Uhr abends vorrückt, dürfen wir uns erst Urkrebse und Algen als etwas fortgeschrittenere Lebensformen vorstellen. Gegen 23 Uhr bilden sich unsere mit Urwäldern bewachsenen Kontinente. Das Zeitalter der Riesensaurier beginnt um 23.15 Uhr und dauert eine Viertelstunde. Erst gegen 23.30 Uhr setzt zwanzig Minuten lang das große Alpendrama ein. Zehn Minuten vor Mitternacht beginnen die Eiszeiten, die noch einmal das Bild der Alpen wandeln und es ist schon ›fünf vor zwölf‹, bis der Urmensch geschaffen ist.

Heute noch kann man sich mit eigenen Augen davon überzeugen, wie die Zugspitze zu Beginn der Tertiärzeit wohl ausgesehen haben mag, als die Alpen sich formten. Man stelle sich an einem Tag auf die Zugspitze, an dem die Wolkendecke bis auf wenige hundert Meter unter den Gipfel dieses ›Dreitausenders‹ reicht. Die Wogen der Wolken dehnen sich schier endlos nach allen Seiten, nur in nächster Umgebung ragen ein paar Gratzüge wie Riffe aus dem ›Meer‹ heraus; weit im Süden erhebt sich eine Kette von Felsenbergen und im Norden ahnt man Bergkonturen unter dem Dunstschleier. Feuchtheißer Geruch ferner Farnwälder streicht über die Nebel, und die Flugasche berstender Vulkane liegt schwer über der wolkendampfenden Wasserwelt. Vielleicht zieht hie und da einer jener drachenähnlichen Riesensegler mit seinem fischförmigen Maul und schwertscharfen Zähnen vorüber. Nur da und dort tauchen kleine Archipele auf und vergehen wieder im Nebel: Wir erleben das Meer »Tethys«. So heißt in der Mythologie die

Tochter des ›Uranos‹ (Himmels) und der ›Gäa‹ (Erde). Es ist beinahe wörtlich zu nehmen, daß jene ›Tethys‹ die Gemahlin des ›Okeanos‹ (Ozeans) war. Dieses Urmeer verband sich sehr eng mit den riesigen Ozeanen jener frühen Epoche der Erdgeschichte.

Die gewaltige ›Tethys‹ herrschte mit ihren Fluten wohl von den Pyrenäen bis zum Himalaja, grenzte im Norden an Gebirgsreste jener früheren Zeit (etwa in der Fläche zwischen heutigem Schwarzwald und böhmisch-bayerischem Gebirge). Im Süden lag in der ›Tethys‹ wie ein Riff ein gewaltiger Felsgürtel (die Urform unserer heutigen Tiroler und Schweizer Zentralalpen). Diese Gebirge stammten aus der Zeit der frühen Festlandsbildung, also 200 bis 300 Millionen Jahre ›vor Tethys‹. Die Erdmutter ›Gäa‹ – um beim mythischen Bild zu bleiben – atmete gewaltig unter den Wogen ihrer Tochter ›Tethys‹. Der Meeresgrund hob und senkte sich in Abständen von vielen hunderttausend Jahren. Etwa vor einhundert Millionen Jahren tauchte ein klobig geformtes Gebilde aus den Wassern auf, das noch im selben Erdalter wieder versank – eine Vorform der späteren Randalpen neben dem bestehenden Inselwall des Zentralmassivs der Alpen.

Aber auch im Wasser selbst gingen gewaltige Veränderungen vor sich, die nur aus der Ungeheuerlichkeit der Zeiträume zu begreifen sind. Angrenzende buchtenreiche Festlandsmassen und die aufragenden Inseln in der ›Tethys‹ schwemmten durch die starken Regengüsse über Jahrtausende hinweg riesige Geröll- und Schlammassen ins Meer, die sich auf dem Grund absetzten. Hier arbeitete ein Milliardenheer winzigster Lebewesen, Korallentierchen und andere Schalentiere, durch seinen Tod und die Ablagerung der kalkigen Hüllen mit an der Bildung lagernder Schichten am Meeresgrund. Aus diesen Hüllen entstanden mit der Zeit unterirdisch ganze Gebirge – zumindest der

Rohstoff – durch die mehrere tausend Meter hoch abgelagerten Schichten.

Hier auf dem Meeresgrund arbeitete der erbarmungslose Zahn der Zeit unbeirrbar weiter: Die Last des Wassers und immer neue Schichten erzeugten durch ihr Gegengewicht Druckkräfte, die die Kalkschalen allmählich zu Stein erstarren ließen – zum Wettersteinkalk, wie wir ihn heute im Zugspitzgebiet in bizarrer Felsstruktur kennen.

Plötzlich aber wird der ›Atem der Erde‹ unruhig: Wir befinden uns etwa 30 Millionen Jahre vor unserer Zeitrechnung: Der schalenbedeckte Meeresboden hebt sich in riesigen Flächen aus der ›Tethys‹. Aus der enger und fester gewordenen äußeren erkalteten Kruste des Erdballs brechen plötzlich überall aus der Tiefe die vulkanischen Kräfte wieder hervor: Ein gewaltiges Ringen zwischen der Schale und den tieferen Schichten der Erdkruste hebt an. Das Erdmittelalter ist zu Ende.

Es folgt ein gemäßigtes Klima. Die Voraussetzungen für eine ruhigere Entwicklung der Lebewesen sind gegeben; sie haben ihre entarteten riesigen Vorformen überflügelt. Nun gibt es Wale, Rhinozerosse, Uraffen und Schmetterlinge. Nicht nur im künftigen Alpenraum beginnt das Meer zurückzuweichen; das ganze heutige Mittelmeergebiet scheint in eine gewaltige Erdschichtenbewegung geraten zu sein. Vulkanische Kräfte toben unter der dünnen Decke und durchbrechen die Schwachstellen, die durch die Verschiebungen entstanden sind: Die Geburt der Alpen hat begonnen. Im Norden sind die Wasser schon weit zurückgewichen, nur noch Reste der ›Tethys‹ sind vorhanden. Die gesteinsartigen Kalkschichten werden sichtbar. Gleichzeitig setzt die Erosion ein, die Auswaschung durch Wind und Wetter. Der ganze obere Donauraum ist ein sprudelndes, kochendes, gebärendes Land, die Wasser sind gewichen.

Nun aber beginnt auch das Land zu wandern, wie von einer unterirdischen Riesenfaust gehoben. Aus dem Raum der heutigen Po-Ebene, also von der Adria aus, drückt diese Faust nach Norden und nach Westen, aus der ungarischen Tiefebene schiebt sich der Karpatengürtel nach Osten empor, aus der Richtung des heutigen Sardinien wird der Apennin von Westen her vorgeschoben, und aus den Bruchzonen, die an den Rändern der neuen Senkgebiete Mittelmeer, Adria und ungarische Tiefebene entstanden, lodern die Fackeln der Vulkane.

Dieser drehende Wirbel von tektonischen Kräften jener Jahrmillionen hat die Alpen in ihrer heutigen Grundgestalt geschaffen. Das Kettengebirge, nach Westen hin gleichsam eingerollt, wurde emporgehoben wie Eisschollen, die sich in der Strömung gegen eine fiktive Stauwand pressen. Diese Staumauern bilden im Westen das Französische Hochplateau und im Norden die Sockel jener Altgebirge zwischen Schwarzwald und Böhmen. Erst an diesen Rändern kamen die Gesteinsmassen zum Stillstand. Unter ihren ungeheuren Druckkräften scheinen die Felsschichten schmiegsam geworden zu sein, sie wurden zerborsten, geknickt oder gefaltet. Gesteinsinseln, die im Wege standen, wurden mitsamt ihrem Untergrund mitgeschoben oder überrollt – bis die Schubkräfte ermatteten . . .

Nach diesem erdgeschichtlichen Drama haben sich die großen Senken zwischen den wichtigsten und ausgedehntesten mitteleuropäischen Gebirgsbögen gebildet. Die Alpen haben feste Gestalt angenommen: Sie besitzen einen Mittelgürtel älteren hochgeschobenen Gesteins und an beiden Seiten Kalksteinrandgürtel stärkster Faltung, vor allem in ihrem nördlichen Teil. Die gestauten Gesteins-Stollen bilden nun Gebirgszüge in erkennbaren Ketten, so auch die Kette des Wettersteingebirges mit der Zugspitze als einem der nördlichen Eckpfeiler der Alpen. Welche Schub- und

Blick auf die Südseite des Wettersteinmassivs mit den Gipfelaufbauten der Zugspitze: Direkt auf der schmalen Schneide des Grates wurde in kühner Verwegenheit eine kleine Stadt im Fels verankert.

▶ *Blick auf das Zugspitzgebiet aus 250 Kilometern Höhe, photographiert während des Spacelab-Fluges vom 28. 11. bis 8. 12. 1983. Nahe der Bildmitte erkennen wir Garmisch-Partenkirchen. Von hier aus erstreckt sich schräg nach links unten das Loisachtal in Richtung Oberau. Darüber erhebt sich der südwestliche Teil des Estergebirges. Darunter sind die Ammergauer Berge erkennbar, rechts anschließend unterhalb von Garmisch-Partenkirchen liegen Kramer und Hohe Ziegspitze.*
In der großen dunklen Partie direkt rechts von Garmisch-Partenkirchen sieht man den Eibsee, oberhalb des Sees zum rechten Bildrand hin zeichnet sich die Zugspitze ab, und daneben wiederum beginnt das Ehrwalder Becken. Am rechten oberen Bildrand erkennt man ein Stück des Inntales kurz vor Telfs. Zwischen Ehrwald im Westen und Mittenwald im Osten (oberer linker Bildrand) erstreckt sich das Wettersteingebirge, dessen Südflanken als helle Flächen erkennbar sind. Links oben unterhalb von Mittenwald zeigt sich der Barnsee als kleiner schwarzer Fleck. Die Breite des Bildes entspricht knapp 30 Kilometern Luftlinie.

Faltkräfte am Werk gewesen waren, verdeutlicht beispielsweise der 2370 Meter hohe ›Hohe Kamm‹: Mitten im Gratmassiv der Wettersteingipfel aus Wettersteinkalk besteht er allein – schon durch die runde Form erkennbar – aus weichen Mergeln der Kreidezeit, das heißt, er ist viele Millionen Jahre früher entstanden. Welche, im wahrsten Sinne des Wortes gigantischen Kräfte haben ihn mitten in diese fremde Nachbarschaft hineingeschoben?

Ungleich wilder als es sich uns heute zeigt und uns vertraut geworden ist, muß damals auch das deutsche Alpengebiet mit seinen Ketten ausgesehen haben. Erdstöße von den Zentralalpen und Karpaten her erschütterten noch die Grundfesten; aus den hochgehobenen Bergketten stürzten gewaltige Ströme, durch heftige Gewitter-Regen ausgelöst. Immer wieder brachen ganze Berge ab, wurden Überhänge als mächtige Schuttströme hinausgespült in das tiefere Land: Es begann die unaufhörliche Arbeit des wandernden, höhlenden, glättenden Wassers, das über die Bergflanken hinunterstürzte oder sich eilig durch klaffende Felswunden seinen Weg suchte, brausend, gewaltig, ununterbrochen: Die Alpenströme Donau, Po, Rhein, Rhône, Inn und Etsch entstanden. Jahrhunderttausende vergingen darüber. Die Urmutter ›Gäa‹ wurde nur langsam von innen her ruhiger.

Durch gewaltige Schubkräfte wurden vor Millionen von Jahren die Gebirgsmassive aufgefaltet. Das Talbecken der Loisach (im Vordergrund) war in der Urzeit überschwemmt und in den Eiszeiten mit fast tausend Meter dicken Eisblöcken bedeckt. Im Hintergrund erhebt sich der Zugspitzstock mit Wettersteingebirge (Mitte), Estergebirge (links) und Kramergebirge (rechts).

Land der Felsen und Ströme

Das Eis marschiert

Erdgeschichtlich mag diese dramatische Geburt der Alpen nur wenige Minuten gedauert haben, aber genau in diesem Zeitraum ist jene Bergwelt entstanden, mit der wir heute überall in Europa leben. Allein im Alpengebiet wurden im Querschnitt etwa 120 Kilometer Oberfläche aufgefaltet: Würde man die Alpen in nördlicher Richtung ausbügeln, ihr Oberflächenrand schöbe sich bis in die Donauniederungen vor.

Auch heute noch ›bewegen‹ sich die Gebirge, der Himalaja wächst, und die Alpen schieben sich weiter gen Norden. Spannungsausgleiche zwischen den einzelnen Schichten erzeugen die Erdbeben. Sie beweisen, daß noch spürbare Veränderungen im Gange sind. Alle zwei Minuten ›bebt‹ es in irgendeinem Teil der Erde. Die jährliche Energiemenge, die dabei freigesetzt wird, kann man mit der von Millionen Atombomben vergleichen. Die Zahl der Erdbeben nimmt zu. Für verantwortlich hält man die immer größere Spannung der dicker werdenden, sich ständig abkühlenden Erdkruste, weil sie gegen die im Innern tobenden flüssig-heißen Kernmassen ankämpfen muß. Die Kontinente verschieben, heben oder senken sich noch, und wenn auch das große ›Stirnrunzeln‹ der Erde beendet erscheint, so werden wir doch immer wieder daran erinnert, daß die erdgeschichtlichen Umwandlungen weiter andauern. Es erscheint müßig, darüber nachzudenken, ob unser Erdball einst im Feuer der Sonne verglühen oder in Weltraumkälte erstarren wird.

Auch beim Zugspitzmassiv sind in unserer Zeit noch unsichtbare Kräfte am Werk: Beispielsweise wurde am 22. Mai 1955 das gesamte Gebiet des Wetterstein und Karwendel zwischen Garmisch und Innsbruck von einem Erdbeben erschüttert, das auf der zwölfteiligen Richterskala der Seismographen in Stuttgart und Wien mit einer Stärke von ›6 bis 7‹ registriert wurde. Das bedeutet, daß die Erschütterungen hart an der Grenze lagen und größere Zerstörungen ausblieben. Es handelte sich um klar lokalisierbare Erdstöße in nordwestlicher Richtung, wohl vom einstigen Entstehungsschub ausgehend. Ähnliche Beben hatte man auch 1921, 1930 und 1951 in Garmisch-Partenkirchen erlebt, allerdings war die Bewegungsrichtung undeutlicher. Die Erschütterung von 1955 war die stärkste seit 1939 – es bebte buchstäblich das ganze Massiv –, doch hielt sich die Schubkraft in Grenzen, so daß ein paar eingestürzte Kamine und beschädigte Dächer in Innsbruck die einzige Folge blieben. Auf der Zugspitze äußerte sich das Beben ähnlich einem schweren Lawinenabgang; der Turm des Observatoriums wankte, wie von einem Orkan erschüttert. Im Zeitraum von etwa 14 Tagen erfolgte noch eine Reihe kleinerer Erdstöße.

Solche Serienbeben haben jedoch mit vulkanischen Erschütterungen nichts zu tun. Vielmehr verschieben sich Tiefenschichten gegeneinander, womit sich die Ansicht der Geologen bestätigt, daß die Auffaltung der Alpen noch nicht beendet ist. Welche Kräfte bei solchen Stößen am Werk sind, mag ein kleiner Vergleich deutlich machen. Etwa 20 Kilometer von Garmisch entfernt werden gelegentlich für ein Steinbruchwerk durch Kammersprengungen große Gesteinsmassen aus einem Bergrücken gelöst. Dabei gab es einmal eine gewaltige Erschütterung – seismographisch noch in Nancy und Paris registriert –, als mit 25 000 Kilogramm Sprengstoff rund 300 000 Tonnen Fels in zwei Explosionen freigesetzt wurden. Erstaunlicherweise spürte man in Garmisch-Partenkirchen nicht das geringste davon. Dagegen sollen beim Beben 1955 Menschen buchstäblich aus ihren Betten gehoben worden sein. Man kann also davon ausgehen, daß bei einem Erdbeben einige Milliarden Tonnen Alpenfels in der Tiefe bewegt werden. Erinnert sei an das schwere Beben im oberitalienischen Friaul vor einigen Jahren, dessen Auswirkungen noch in Süddeutschland deutlich zu spüren waren.

Kehren wir jedoch noch einmal in die erdgeschichtliche Vergangenheit zurück: Die Kettenzüge der Auffaltungen gliederten sich allmählich in schartige Grate, Spitzen und Gipfel, die mehr und mehr von den Flüssen getrennt wurden. Auch in jener Zeit, da die Alpen schon ›fertig‹ dastanden, spielten sich an der Oberfläche noch katastrophenähnliche Veränderungen ab. Das weite Tal, in dem heute Garmisch-Partenkirchen liegt, ist wahrscheinlich eine jener jungen Absenkungen, die starke Auswirkungen auf die steil hochragenden, teils mit 50 bis 60 Grad abfallenden Wände des Wettersteingebirges hatte. Aus ihnen brachen später gewaltige Felsmassen ab.
Nach diesen mächtigen Umformungen der nun abgeschlossenen Schöpfungsepoche der Alpen folgten um die Zugspitze vergleichsweise glückliche Jahrtausende. Die Keime des Lebens, durch Wind und Wolken von weither getragen, ergriffen Besitz von den kahlen Felsgiganten. Die Luft war nicht mehr von dem feuchtheißen Brodeln der Gebärzeit erfüllt. Vielmehr scheint ein heiteres Mittelmeerklima die jungen Täler des Zugspitzgebietes mit einer

Durchschnittstemperatur von etwa 20 Grad belebt zu haben. (Die heutige Durchschnittstemperatur liegt bei nur 6,5 Grad!).

Durch die Erdablagerungen wuchsen Palmen- und Araukarienwälder; auch andere wärmeliebende Pflanzen siedelten sich in den Tälern um die Zugspitze an. Verschwunden waren die Riesenwälder der Farne und Schachtelhalme, in denen einst die Riesensaurier lebten. Dafür begann ein Volk von Insekten – aus Urformen hervorgegangen – sich in diesen neuen blühenden und wuchernden Wäldern gütlich zu tun. Auch die Säugetiere drangen nun, angelockt von diesem milden Klima, bis an den Rand der Berge vor und belebten die Wälder und Moore.

Doch auch diese üppige Welt war nur ein Zwischenspiel. Es wurde kälter. Die Alpen, das heißt, deren wahrscheinlich damals noch ungleich höhere Gipfel, begannen, sich in ewigen Schnee zu hüllen. Mit jenem Kälteeinbruch setzte ein neuer Abschnitt in der Erdgeschichte ein – vor rund einer Million Jahren – und endete etwa 300 000 Jahre vor unserer Zeit. Die Ursache für diese Epoche wechselnder Eiszeiten wird folgendermaßen erklärt: Es gibt drei Grundkomponenten unserer Erdbahn, die einem spürbaren Wechsel unterworfen sind. Die Erdachse vollführt in rund 40 000 Jahren eine Schwenkung von 22 bis 25 Grad zur Erdbahn; der sonnennächste Punkt der Ellipse wandert in 20 700 Jahren einmal durch alle Jahreszeiten; die Exzentrizität der Erdbahn hat einen variablen Rhythmus von 91 800 Jahren. Diese drei Komponenten ergeben eine unterschiedliche Intensität der Sonneneinstrahlung auf unserer Erde, die sich in einer Kurve darstellen läßt. Die ›Kältespitzen‹ dieses Diagramms stimmen haargenau mit den geologischen Beweisen für die Eiszeiten unserer Erde überein. In früheren, urgeschichtlichen Perioden dürfte die Erde noch zu heiß gewesen sein, so daß sich derartige Schwankungen mit weiträumiger Vereisung und Gletscherbildung noch nicht bemerkbar machen konnten. Vor einer Million Jahren aber war die erstarrte Außenschicht bereits so kälteanfällig, daß sich die gletscherbildenden Ureiszeiten durchsetzen konnten.

Höhlenfunde am Säntis beweisen, daß der Mensch jener Epoche des ewigen Eises die Stirn zu bieten versuchte. Lag vorher die Grenze der Schneeregionen vielleicht über 5000 Meter hoch (heute in den Nordalpen bei 2500 bis 2700 Metern, am Kilimandscharo bei etwa 5600 Metern), so sank sie mit Beginn der ›Eiszeiten‹ immer weiter nach unten in die Täler. Die Wälder, auch um die Zugspitze, fingen allmählich an, abzusterben; der Blütenzauber schwand schnell dahin.

Große Niederschläge und Minustemperaturen können, wie wir heute wissen, binnen kurzer Zeit ein enormes Wachstum der Gletscher auslösen. Wir müssen uns für jene Epoche endlose Wolkenbrüche mit Schnee, heftige Eisstürme und immer kürzer werdende Sommermonate vorstellen. Zwischen den geologisch noch jungen Ketten und Schründen der Alpen häufte sich der Schnee, lagerten sich Firnschnee-Schichten an, sogenannter Preßschnee in immer größer werdenden Massen, vergleichbar den Jahresringen von Bäumen. Die Last und der wachsende Druck verwandelten den Schnee allmählich in körniges Firneis. Dieser massige Grundstock des Gletschers arbeitete sich als zäher, starrer und doch gleitender Strom langsam talwärts vor, durchflossen von milchigen Eisbächen.

Die Wissenschaft verzeichnete in jenem Zeitraum von rund 750 000 Jahren drei größere Eisvorstöße (andere Forschungen fünf) mit zwischenzeitlichen Schwankungen mehr oder weniger starker Vereisung. Wir bezeichnen diese Epochen als ›Eiszeiten‹ und ›Zwischeneiszeiten‹.

Immer mächtiger schwollen die Gletscherströme an mit

zunehmender Kälte, riesige Bugwellen von Geröll vor sich herschiebend und mit gewaltigen Felsmassen im Rücken die Täler auffüllend. Vor allem von der Bernina her gespeist, bedeckten sie nach Norden zu das ganze Inntal. Dieser riesige, etwa 1500 Meter dicke Inntalgletscherstrom quoll auch in die Seitentäler hinein und rückte stetig auf das Zugspitzmassiv vor, einem der größten Hindernisse seines Vorstoßes nach Norden. Über den Fernpaß herein drückten die Eisströme gegen den Sockel dieser Alpenfestung, stauten sich, stiegen an und brachen in das heutige Loisachtal ein. Nun war der Weg der Eismassen in das Alpenvorland frei, sie verteilten sich unaufhaltsam bis ins Allgäu und in den Chiemgau und deckten ganz Süddeutschland zu. Zugleich schob sich ein Zweigarm des Inntal-Gletschers durch das Isartal – auf der Höhe des heutigen Mittenwald – und überschwemmte selbst die 1200 Meter hohen Vorberge südlich von Garmisch. Der Eisstrom begrub bis zu einer Höhe von fast 2000 Metern alles unter sich. Es ist eine furchterregende und zugleich imposante Vorstellung: Der Festungswall der Zugspitze, der selbst aus seinen beiden Binnenhöfen Gletschermassen hervorschob, war ringsum von dem anbrandenden erstarrten Eismeer mit seinen Türmen, Spaltenfeldern und Eisbrüchen eingeschlossen worden.

Zwischen dem Bodensee und Salzburg müssen in dieser Zeit des höchsten Eisstandes nur noch ein paar Kämme des ganzen bayerischen Alpengürtels herausgeschaut haben – die Allgäuer Alpen, der Zugspitz- und Wettersteinkamm, die Spitzen von Karwendel- und Kaisergebirge und die Berchtesgadener Berge. Der Rest lag unter dem Eismeer begraben. Im Süden ragten die höheren Gipfel der Zentralalpen aus dem Gletscherstrom auf.

Im Zeitraffer betrachtet, hätte man in jenem Zeitalter von München aus ein schreckenerregendes Erlebnis beobachten können: Ein alles zermalmender, gigantischer Eisstrom hätte sich aus den Tälern der Isar und Loisach langsam, aber unaufhaltsam auf die Landeshauptstadt zubewegt, alles, was ihm im Wege stand, mitreißend, Bergrücken abschleifend und eine riesige Geröllwelle von Grundmoränen vor sich her schiebend. Im Westen überrollte zur gleichen Zeit der Rheintal-Gletscher das heutige Bodensee-Becken und kam ungefähr auf der Linie Schaffhausen-Sigmaringen-Ulm zum Stehen. Die Loisach- und Isartalgletscher schoben sich etwa bis zum heutigen München vor und ihre Ausläufer hatten noch eine Dicke von mehreren hundert Metern.

Nach Jahrtausenden aber wurde es wieder wärmer, und von unten her schmolzen die Gletscher; sie zogen sich zurück und hinterließen mächtige Seen, Ströme und Geröllhalden – das heutige oberbayerische Seengebiet – und verschwanden schließlich in den Taltoren der Alpen. Dieses Schauspiel wiederholte sich vor etwa 200 000 Jahren insgesamt viermal, unterbrochen von den sogenannten ›Zwischeneiszeiten‹, jenen wärmeren Perioden, in denen sogar Pflanzen und Tiere wieder den Vorstoß in die Alpentäler schafften. Es muß zwischenzeitlich im Zugspitzgebiet wärmer geworden sein als heute, so daß die Wälder wieder höher hinaufkriechen konnten. Zeitweilig scheint es sogar beinahe südländisch-ozeanisches Klima und üppige Vegetation gegeben zu haben.

Dieses letzte Wechselspiel im Alpendrama dauerte im ganzen etwa eine dreiviertel Million Jahre und gegen Ende des Schlußaktes – rund 10 000 Jahre vor unserer Zeit – muß auch jenes Ereignis der Zugspitz-Geschichte stattgefunden haben, das am greifbarsten nachvollzogen werden kann – die Entstehung des drei Quadratkilometer großen inselreichen Eibsees am Fuße der Zugspitze. Als der Gletscherstrom mit seinen Ausläufern noch an ihrer Basis nagte, die Nordwände dadurch absanken und sich immer gefahrvoller zu neigen begannen, müssen auf breiter Front aus dem unteren Teil des Massivs gewaltige Felsmassen abgebrochen sein, die man heute noch erkennen kann. In den Senken unterhalb dieser Steilwände aber hatten sich, riesigen schrägen Gleitbahnen gleich, die Gletscherreste erhalten, auf denen die Gesteinsmassen weit in die Talsenke hinausrollen konnten. Nachdem die Eisblöcke endgültig weggeschmolzen waren, ließen sie mächtige Gesteinsbarrieren zurück, hinter denen sich schließlich der Eibsee aufstaute. Auf ähnliche Weise muß auch der kleinere, geheimnisvolle Badersee entstanden sein: Er hat zwar keinen sichtbaren Zufluß, aber immer eine konstante Temperatur.

Unmittelbar nach den Eiszeiten gab es um die Zugspitze herum noch gewaltige Seen. Das gesamte Garmisch-Partenkirchener Tal stand fast 200 Meter tief unter Wasser, ebenso das Ehrwalder Becken westlich der Zugspitze, das seinen Abfluß zunächst noch durch das Inntal hatte. Erst später ereignete sich hier ein Felssturz am Fernpaß, der die Wasser in Richtung Garmisch lenkte und den Werdenfelser See noch vergrößerte. Dieser bohrte sich allmählich durch die Barriere hindurch einen Abfluß nach Norden. Erst nachdem sich die Wasser verlaufen hatten, trat das Land um die Zugspitze in seiner heutigen Form und Bodengestalt zutage; seine Strukturen hatten sich grundlegend verändert. Von den frühen Epochen der Schöpfung hatte die unvorstellbare Kraft der Gletscherströme nahezu jede Spur ausgelöscht.

Aus der Eiszeit blieben der Zugspitze – wie dem Hochkalter in den Berchtesgadener Alpen – gleichsam ›ererbte‹ Reste ihrer beiden einst gewaltigen Gletscherkessel erhalten: der Schneeferner und der Höllentalferner. Jahrzehntelange

Messungen haben ergeben, daß beide ständig abnahmen (der Schneeferner jährlich mehrere Zentimeter), wie fast alle Alpengletscher, die beängstigend schnell an Masse und Substanz verloren. Beängstigend deshalb, weil mit dem Schwinden der Gletscher auch das Land, das sie bewässern, vom Austrocknen bedroht wäre. Seit etwa 20 Jahren läßt sich wieder eine minimale Ausweitung der Gletscher feststellen. Wenn tatsächlich die wechselnden Komponenten der Erdbahn die bisherigen Eiszeiten verursacht haben, dürfte unsere Schonzeit auf der kälter werdenden Erde günstigstenfalls noch 20 000 bis 50 000 Jahre dauern, bis die Gletscher wieder gegen München vorrükken werden. Nach der Strahlungskurve haben wir uns jedenfalls in den letzten 20 000 Jahren von einer Kältespitze an der Grenze der Vereisung zu einem Wärmehöhepunkt vor rund 12 000 Jahren hinbewegt und befinden uns jetzt wieder auf dem absteigenden Ast im mittleren Temperaturbereich. So gesehen ist die Menschheit von der ›Weltmacht Eis‹ weit vernichtender bedroht als von jeder anderen Naturkraft – die verbleibende Schonzeit von mehreren tausend Jahren ist relativ; es sei denn, der Mensch kommt der Natur zuvor und sprengt sich mit seiner Erde selbst in die Luft!

Frühe Pionierleistungen

»Auf den Bergen wohnt die Freiheit«

Millionen von Jahren standen unsere Alpen unberührt in der Natur, bis der Mensch sie für sich zu entdecken vermochte. Eine Scheu vor den Geistern der Berge hielt ihn lange zurück, dann aber stürzte er sich mit ganzer Entdeckerlust auf die neue Welt der Höhe.

Seitdem haben die Gipfel den Menschen genauso magisch angezogen, wie sie ihn vorher abgestoßen hatten. Es war bei der Zugspitze, dem nördlichsten Fast-Dreitausender, nicht anders. Kaum fünf Generationen sind ins Land gegangen, seit ihren Gipfel zum ersten Mal ein menschlicher Fuß betreten hat. Inzwischen standen Millionen von Menschen – Ehrgeizlinge und Träumer, Andächtige und Snobs – dort oben und haben das glitzernde Meer der tausend Schneegipfel rundum bewundert. Für keinen von ihnen aber kann das Erlebnis größer gewesen sein als für jene Pioniere des Bergsteigens und Gipfelstürmens, von denen nun berichtet werden soll.

Es erscheint in der Tat seltsam, daß selbst nach der Entdeckung aller Kontinente und ihrer fortschreitenden Erforschung doch noch jahrhundertelang die Berge im allgemeinen und damit auch die Zugspitze (als sozusagen ›vor der Haustür‹ liegender höchster Berg Deutschlands) unberührt blieben. Es war vor hundert Jahren anscheinend leichter, nach Amerika zu fahren, als den schweren Gang auf diesen Berg zu machen, der ja kaum hundert Kilometer südlich von München liegt.

Die Menschen hatten ursprünglich einen heiligen Respekt vor den Alpen-Riesen. Nicht nur deshalb, weil die Sage die meisten von ihnen mit einem dräuenden Berggeist ausgestattet hatte, sondern weil man es allgemein, auch später noch, für nahezu unmöglich erachtete, in solche Höhen des ewigen Schnees und Eises – vom Tal aus betrachtet – vorzudringen, ohne dabei elend zugrunde zu gehen. Die Alpen galten schlechterdings als Schrecknis, als unmenschliche Wildnis, in der das Chaos herrschte oder der gnadenlose Berggeist. Reisende, Kaufleute, Heerführer, alle versuchten, möglichst rasch oder auf einfachen Wegen, die Alpenkette zu überschreiten oder noch besser, zu umgehen. Niemand kam in der mehrtausendjährigen Siedlungsgeschichte am Nordfuß der Alpen auf die Idee, freiwillig die unholden Giganten zu ›versuchen‹. Hannibals Soldaten haben die Alpen-Gipfel gefürchtet; Cäsar soll sich bei ihrem Anblick auf seinem Weg nach Gallien gelangweilt und geärgert haben. Der Rat der Stadt Luzern hat gar im 14. Jahrhundert seinen Bürgern bei Kerkerstrafe verboten, die Einsamkeit des ›Landpfleger‹-Geistes, der auf dem Pilatus hause, zu stören.

Selbst viel später hatte man noch Angst, daß der Mensch in der Höhenluft platzen könne wie ein aufgeblasener Frosch. »Erschröcklich, grausam« oder bestenfalls »curiös« – so erschienen die Alpen, die der Schweizer Albrecht Haller besang. Die gebildete Welt von 1730 begann sich um dieses symbolisch verschnörkelte Gedicht zu reißen, nicht aber um die Berge selbst. Auch Jean Jacques Rousseau's tränenreicher Appell »zurück zur Natur« blieb eher eine Wunschvorstellung – soweit er die Einstellung des Menschen zum Berg betraf. Selbst ein Immanuel Kant vermochte mit der

›erhabenen‹ Landschaft der Felsschlünde und stürzenden Wasser nichts anzufangen; die scheinbare Leidenschaftlichkeit der Natur, die sich darin äußerte, muß ihm ein Greuel gewesen sein. Der Archäologe und Kunsthistoriker Johann Joachim Winckelmann zog erschreckt die Vorhänge seines Wagens zu, als er 1768 über den Brenner fuhr – »welcher entsetzliche Anblick, welche ungeheure Höhe der Berge«, schrieb er. Johann Wolfgang von Goethe ging es zunächst kaum besser, als er 1786 südwärts fuhr, und wenn er etwa in das Höllental der Zugspitze vorgedrungen wäre, so hätte er wahrscheinlich die gleichen Worte gefunden wie für die Schweizer Berge bei seiner ersten Italienreise: »verwirrt und beunruhigt«. Goethe wurde erst später – und darin seiner Zeit voraus – selbst zum Bergsteiger und zum Vorreiter einer »neuen Welt«.

Erst auf der Schwelle zum 19. Jahrhundert scheint der Bann der Alpen allmählich gebrochen zu sein. Friedrich Hölderlin, Heinrich von Kleist, Lord Byron begeistern sich an den Schneegipfeln – zunächst noch vom Tal aus – und Friedrich von Schiller proklamiert: »Auf den Bergen wohnt die Freiheit«.

Etwa zur gleichen Zeit beginnen Biologie und Geologie sich für das Hochgebirge zu interessieren, von dem man noch nicht einmal zuverlässige Höhenangaben besitzt und über dessen tatsächliche Ausmaße die groteskesten Vorstellungen kursieren. Nur so ist die ungeheuerliche Erschütterung verständlich, die den Genfer Geologen Horace Bénédict de Saussure überwältigt, als er, der erste wissenschaftliche Hochalpinist, am 3. August 1787 nach langjährigen Vorstudien und Versuchen, im Alter von 47 Jahren, auf dem höchsten Gipfel unseres Kontinents, dem Mont Blanc, steht: »Mir schien, daß ich allein das Weltall überlebt hätte und seine Leiche zu meinen Füßen ausgestreckt liegen sah«, bekennt er zutiefst beeindruckt.

Auch zur nördlichen Hochburg der Alpen, zur Zugspitze, kam zuerst die Wissenschaft, in Gestalt von drei bayerischen Kartographen-Offizieren im Jahre 1820, um den Berg zu bezwingen. Durch die Napoleonischen Kriege war die bereits 1801 begonnene kartographische Vermessung Bayerns unterbrochen worden. Wohl mochte da oder dort schon ein Hirte in Gipfelnähe gekommen sein oder ein Jäger bei der Verfolgung von Gamsrudeln – aber niemand konnte sich rühmen, ganz oben gewesen zu sein auf dem ›Zugspitz‹. Andere Alpengipfel waren bereits bestiegen worden – 1786 der Mont Blanc (4810 m, durch Jacques Balmat), 1800 der Großglockner (3798 m), 1804 der Ortler (3902 m), 1811 die Jungfrau (4167 m) und 1812 das Finsteraarhorn (4275 m) –, ehe die kleinere Zugspitze (2963 m) bezwungen wurde. Doch sie liegt sozusagen im Mittelfeld, denn erst 1841 bestieg man den Großvenediger und 1865 nahm man schließlich das Matterhorn in Angriff. In dieser Zeit lag, von Forschern, Wissenschaftlern und sogar von den Malern vorbereitet, der Anfang des Alpinismus, der gleichsam zum Selbstzweck die Gipfel eroberte, Gletscher überschritt – die Alpen entdeckte!

Ehrfurcht und Scheu waren jäh in begeisterten Gipfelsturm umgeschlagen. Steigeisen und Seil hätte man schon früher am Berg nutzen können; es war also kein technisches Problem; die Einstellung zum Gebirge hatte sich verändert, der Geist hatte sich gewandelt. Jetzt wurden die Berg-Giganten gerade von den schwierigsten und steilsten Seiten aus angegriffen in einem Eroberungsrausch, der immer mehr Menschen zu ungeahnten Höchstleistungen beflügelte. Das Zeitalter der Berge hatte begonnen!

In die kleinen Dörfchen Garmisch und Partenkirchen zu Füßen der Zugspitze zogen um die Mitte des vorigen Jahrhunderts die ersten Studenten und Maler, die ersten Offiziere und Beamten zum ›Pläsir‹ ein. Die Münchner began-

nen, das Alpengebiet als ihre ›Sommerfrische‹ zu erschließen. Schon bald aber streckte auch die erwachende Technik
ihre Fühler aus, um den höchsten deutschen Berg für ihre
Zwecke zu nutzen: Vergessen wir nicht, daß gegen Ende
des 19. Jahrhunderts der Glaube an Technik und menschlichen Erfindergeist, der Fortschrittsglaube, unbezweifelbare
Tatsache war – die Grenzen des technisch Machbaren oder
Vernünftigen werden uns heute nach und nach bewußt. Die
Zugspitze zu ›technisieren‹, war nur eine Frage der Zeit.

Hart klappern die Geldstücke auf den eichenen Tisch. Zwei
Gulden und 42 Kreutzer hat der Bauernknecht Johann
Georg Deuschl an diesem 27. August 1820 im Reintaler
Hof vor den ungläubigen Augen der Bauernmägde auf den
Tisch rollen lassen – sein Honorar für die erste Zugspitzbesteigung. Niemals werde er die Erlebnisse seiner Pioniertat
vergessen, hatte er doch geglaubt, er werde nie mehr her-
unterkommen von diesem Berg, den der ›Zug-Geist‹ be-
wacht.
    Den Leutnant *Joseph Naus* mußte wohl der Höhenrausch
gepackt haben, daß er oben an der Schneeferner-Scharte
nicht umkehrte, sondern unbedingt auf den Gipfel wollte,
obwohl Hauptmann Jeetze und Leutnant Aulitscheck von
der Vermessungsgruppe es gerade erst vergeblich versucht
hatten.
    Naus, sein Bursche Maier und Deuschl haben – nur mit
Bergstock und Steigeisen ausgerüstet – nach fast zwei Stunden Todesgang über der nahezu 2000 Meter abfallenden
grausigen Nordwestwand den Westgipfel erreicht. Beim
Abstieg hatte der ›Zug-Geist‹ – als sei er über das entris-
sene Geheimnis erzürnt – Donner und Schnee über die
Männer ausgeschüttet. An jenem August-Mittag war es
plötzlich finster geworden am Gipfel, Blitz und Donner
ließen die bröckelnden Felsengipfel erzittern, Steinschläge

Der Erstbezwinger des Zug-spitzgipfels, der bayerische Leutnant Joseph Naus, nach einer Zeichnung von H. v. Aggenstein (1824). Er erreichte am 27. August 1820 den Westgipfel und trug immerhin schon Steigeisen unter seinen dünnen Stiefeln.

prasselten herunter . . . »Mehrmals hatte ich daran gezweifelt, mein Leben erhalten zu können«, schrieb Naus später. Ihm gehört der Ruhm, als erster den höchsten deutschen Berg erobert zu haben, denn bisher galt der Zugspitzgipfel selbst für die Jäger und Hirten des Garmisch-Partenkirchener Tales als unbezwingbar. Auch dem Bergführer Deuschl hat kein Mensch geglaubt, daß er an diesem August-Tag wirklich oben gewesen sein soll. Noch galt jener unverbrüchliche Glaube, daß man die Berggeister nicht wecken und schon gar nicht stören dürfe, denn sie würden furchtbare Rache nehmen. In Gestalt eines Greifen, eingehüllt in

Wolken, würde der ›Zug-Geist‹ die Schätze seines Berges bewachen – so die Sage. Er verwehre jeden Einblick in das Königreich des ewigen Schnees.

Nun wußte ein Hüterbub, der am Reintalanger die Schafe weidete, daß der Greif in seinem Nest am Gipfel ein wundertätiges Kräutlein besitze. Demjenigen, der es hole, gebe es die Kraft, den Berg zu öffnen, wenn er mit dem Kraut an ihn klopfe. Unermeßliche Schätze werden dem Kräutlein-Besitzer dann gehören. An einem Sommertag will es der Bub versuchen. Er schafft es, nahe an das Nest beim Gipfel heranzukommen. Doch da taucht plötzlich über ihm der riesige, schrecklich anzuschauende Greif auf und schon braust – von seinem Helfer gerufen – der ›Zug-Geist‹ selbst in seiner dunklen Wolke an. Er raubt dem kühnen Kletterer die Sicht und nur mit Müh und Not kann sich der Bub wieder zu seinen Schafen hinunterretten. Vom Tal aus hatte man um die Mittagszeit eine finstere Wolke gesehen, die den Gipfel kurze Zeit einhüllte, um dann eben so spurlos wieder zu verschwinden, wie sie gekommen war – sonst war weit und breit kein Wolkenhauch zu sehen gewesen. Seit diesem Tag soll nie wieder jemand versucht haben, den verzauberten Gipfel zu bezwingen – bis die drei bayerischen Offiziere 1820 zu topographischen Aufnahmen kamen und Leutnant Naus sich den Ruhm holte.

Der Johann Deuschl aber ist am Stammtisch noch oft gefragt worden, ob er denn wirklich keinen ›Zug-Geist‹ am Gipfel gesehen habe, wenn er doch droben war am ›Nest des Greifen‹?

Den Menschen einst war die Zugspitze oder ›der Zugspitz‹ – ihr damaliger Name – nicht geheuer. Wer je oben am Gipfel stand und hinunterschaute über die scharfkantigen Spitzen in die Schneekare und den 2000 Meter gähnenden Abgrund, der kann ein gewisses Unbehagen verstehen und verspüren.

Wie eine Riesenfestung thront das Zugspitzmassiv, das beinahe 3000 Meter hohe, nördliche Bollwerk der Alpen, über dem Loisachtal. Vom ›Grundriß‹ her bildet es ein nach Osten offenes, gewaltiges Hufeisen mit ungleichen Seitenlängen. Die lange Seite ist mit fast 20 Kilometern der Ost-West-Kamm des Wettersteingebirges; in der Hufeisenrundung liegen die Zugspitzgletscher und das Zugspitzplatt, während die kürzere Seite des Hufeisens von den mächtigen Seitenflanken der Riffelwände gebildet wird und in den beiden Waxensteinen mündet, die schroff zum Loisachtal abbrechen. Der ganze Gratrücken dieses mächtigen Hufeisens liegt teils mehr als 2000 Meter hoch über dem Tal und steigt von beiden Seiten zu der Rundung hin an: Dort liegt als höchster Gratpunkt im Nordwesten dieses abweisenden Gebirgskammes die Zugspitze selbst mit ihren beiden Gipfelzacken. Die Innenfläche des Hufeisens wird durch eine hohe Gratbarriere gespalten, in der die Alpspitze (2628 m), das Wahrzeichen Garmisch-Partenkirchens, liegt. Im südlichen Abschnitt dieser Festung aus Stein erstreckt sich das Platt als Skigebiet in 2000 bis 2800 Metern Höhe; es ergießt seine Gletscherabflüsse über eine steile Querbarriere in das Reintal und die Partnachklamm. Der nördliche, kleinere Abschnitt birgt den Höllentalgletscher, der die Wasser aus seinem steilen, wilden Kessel in das Höllental und die gleichnamige Klamm gießt. Sie gehört zu den wildesten und großartigsten Felsschlünden der Welt.

So war das ganze Massiv, auf dessen Schneide die Grenze zu Österreich verläuft, im Winter eine geschlossene Eisfestung und in beide Talzugänge donnerten die Lawinen von den Steilwänden herab. Nur im Sommer wagten die Jäger und Hirten durch die freundlichere Rinne des Reintales zum ›Anger‹ und durchs vordere Höllental zum gleichnamigen Weidegelände vorzudringen. Jeder weitere Vorstoß schien damals praktisch nutzlos und zudem eine

Herausforderung der Berggeister zu sein. Man hielt es außerdem für unmöglich, vom Schneefernerplatt aus die steilen Gipfelzinnen zu erreichen. An eine Besteigung von ›außen‹ wagte ohnehin niemand zu denken in jenen Jahren, in denen man Alpinismus für Wahnsinn hielt. Zur österreichischen Seite hin zeigt sich das Zugspitzmassiv gar als breiter, imponierender Block wie eine ›Gralsburg‹. Die vielen glitzernden Zacken gleichen einer majestätischen Krone, die über dem Ehrwalder Tal leuchtet.

Selbst als Leutnant Naus den Bann der Unnahbarkeit des Zugspitzgipfels gebrochen hatte, dauerte es wiederum drei Jahre, bis jemand – diesmal der Partenkirchner Maurermeister *Simon Resch* und der *Schaf-Toni,* ein Hirte aus dem Reintal – den Ostgipfel bezwang. Sie hatten auf dem Gipfel eine Steinpyramide errichtet – aber wer konnte diese vom Tal aus schon sehen? Keiner glaubte ihnen, daß sie oben waren und beide ernteten viel Spott. Der gleiche Simon Resch stieg elf Jahre später, fest entschlossen, dem Gespött ein Ende zu machen, noch einmal auf den Ostgipfel, zusammen mit seinem fünfzehnjährigen Sohn Johannes und dem Zimmermeister Johann Barth. Ein heimlicher Verfolger beobachtete sie und später wurde auch die zwei Meter hohe Steinpyramide gefunden, die sie zum Zeichen ihres Sieges aufgestellt hatten. Von nun an gab es kein Halten mehr.

Eine Serie der Frühersteigungen begann, ein alpinistisches, meist zweckfreies Wettrennen unter ehrgeizigen Forstleuten, Jägern und Hirten. Die Hütte am Anger (heute Reintalangerhütte), die Leutnant Naus soviel Ärger gemacht hatte, weil ihn hier, in der Nacht vor seinem Gipfelsturm die Flöhe derartig piesackten, daß er notgedrungen, um den Biestern zu entfliehen, im Freien nächtigte – diese Hütte wurde der Hauptstützpunkt der Gipfelstürmer. Der Westgipfel allerdings wurde nach Naus erst wieder 18 Jahre später, 1838, von dem österreichischen Vermessungsbeamten Josef Feuerstein bestiegen. 1843 gar sollte eine Expedition feststellen, ob sich die Idee der Kronprinzessin Marie von Bayern, den Gipfel zu besteigen, verwirklichen ließe. Die Expedition – wohl eine der ersten systematischen Gruppenbesteigungen überhaupt – gelang; doch waren sich alle Beteiligten einig, daß sie nur zum Vergnügen den beschwerlichen Weg ein zweites Mal nicht mehr machen würden. So unterblieb die ›hoheitliche‹ Besteigung der Zugspitze.

Berühmt aber wurde die Zugspitze eigentlich erst durch einen Pfarrer, der sich darüber geärgert hatte, daß Bayerns königlicher Berg noch kein Kreuz hatte, während die kleineren Gipfel rundherum bereits solche ›Wahrzeichen‹ besaßen. Pfarrer *Christoph Ott*, zugleich Vorsteher des Observatoriums Peißenberg, brachte durch eine Kollekte, die lebhafte Unterstützung bei der bergfreudigen Kronprinzessin Marie von Bayern fand, das Geld für ein mächtiges, zusammensetzbares, eisernes und feuervergoldetes Kreuz zusammen. Eine Expedition von 29 Personen, einschließlich des Pfarrers, transportierten unter Leitung des Försters Karl Kiendl das Kreuz zum Westgipfel und stellten es am 12. August 1851 auf. Später wurde es nach einer größeren Reparatur in München auf den um einen Meter niedrigeren Ostgipfel verpflanzt. Dort steht es noch heute mit seinem Strahlenkranz und einer Kugelbauchung in der Mitte des Stammes.

Diese bauchige Kugel hat schon manches Rätselraten ausgelöst. Nach altem Brauch wurden und werden in die Kreuze und Wetterzeichen auf bayerischen Kirchtürmen Kugeln eingefügt, in denen Dokumente über die Stiftung, über Sinn und Zweck und ähnliches eingelegt werden. Lange Zeit wußte niemand etwas davon, daß das Zugspitz-

Die Zeichnung von Prof. Michael Sachs zeigt die Aufrichtung des Kreuzes auf dem Ostgipfel 1882 durch Mitglieder des Deutsch-Österreichischen Alpenvereins. Bereits 1851 waren die 28 Teile des Metallkreuzes durch eine Expedition auf den Westgipfel transportiert worden. Dort stand es 30 Jahre lang.

kreuz auch eine solche Urkunde enthält – ein Pergament, auf dem steht: »Möge dieses Kreuz den ihm nun auf des Landes höchster Zinne angewiesenen Platz behaupten bis in die fernsten Zeiten; möge es – wie schon sein Errichter wünschte – als ein Friedensstern noch den späteren Geschlechtern leuchten durch die Stürme der Zeiten und sie zu jener brüderlichen Liebe, Eintracht und Treue ermuntern, die allein die Völker stark und glücklich macht.«

Als Teilnehmer der denkwürdigen Kreuz-Expedition auf die Zugspitze vollbrachte der Jagdgehilfe *Michael Bauer* aus Farchant eine tollkühne Leistung. Er war schon den ganzen Tag in seinem Revier gewesen, als er hörte, daß die Expedition aufgebrochen sei. In der Nacht eilte er mit Gewehr und Dackel nach – und war eher am Gipfel als alle anderen, die auf der Angerhütte übernachtet hatten. Der Blick über die gewaltig abstürzenden Wände hinunter zum Eibsee brachte ihn auf den Gedanken, in dieser Richtung eine direkte Abstiegsroute zu wagen. Den müden Dackel im Rucksack, die schwere Doppelflinte über den Rücken, ohne Seil oder Mauerhaken, bewältigte Bauer in einer Bravourleistung den Abstieg, der heute noch den modern ausgerüsteten Bergsteigern Schwierigkeiten bereitet. Kaum vier Stunden hatte der tollkühne Bergsteiger gebraucht. An einer besonders schwierigen Stelle hatte er sich nur noch weiterhelfen können, indem er seinen Dackel ›Di‹ in eine sechs Meter tiefer liegende Grube hinunterwarf und erst nachsprang, als das Tier sich wohlbehalten aus dem Schnee wieder herausgegraben hatte. Diese gefürchtete Direktroute ist erst mehr als ein Menschenalter später in umgekehrter Richtung von dem Partenkirchner Arzt und Begründer der Bergwacht, *Dr. Hans Gazert*, bewältigt worden.

Unter des Pfarrherrn Expeditionsteilnehmern befand sich ein seltsamer Mensch. *Jakob Sporer* hieß er, Taglöhnersohn vom Ammersee und Knecht auf dem Hohenpeißenberg.

Dieser 24jährige – »für gewöhnlich ein halber Narr« – war bergsüchtig: Er suchte Heilung in den Höhen, Heilung von dem Wahnsinn, den er kommen spürte. »Dieser Mensch hat die eigentümliche Manie, hohe Berge zu besteigen . . .«, heißt es in einer Zugspitz-Chronik, »es gab aber auch Zeiten, wo er nahe daran war, ein ganzer Narr zu werden. Sobald er nun fühlte, daß sein Zustand sich verschlimmerte, ließ er alles liegen und stehen und rannte vom Peißenberg direkt auf die Zugspitze, von wo er dann immer wieder beruhigt und guter Dinge zu seiner Arbeit zurückkehrte.« Dieser Psychopath war auch der erste Mensch, der auf dem Zugspitzgipfel eine Nacht zugebracht hatte. Zweimal erlebte er, fast ein halbes Jahrhundert vor anderen Menschen, den gleichsam urweltlichen Anblick eines Sonnenaufgangs über dem Berg und den Gipfeln der Zentralalpen. Vielleicht war es dieses überwältigende Erlebnis, das ihn heilend packte, wenn er dort oben frierend in der Dunkelheit hockte im kalten Frühwind und den machtvollen, farbenlodernden Aufgang des Gestirns erwartete – oder wenn er abends der untergehenden Sonne nachträumte. Es muß für den seelisch labilen Mann eine Art Höhenrausch gewesen sein, eine Euphorie, wie sie in ihrer Wirkung wohl nur ein Bergkenner einigermaßen nachvollziehen kann.

Längst weiß man, daß ein derartiges Gipfelerlebnis Menschen zutiefst anrührt, ja sogar seelisch verändern kann. Viele Bergsteiger haben erfahren, daß das Aufsteigen, der Triumph, den Gipfel erobert zu haben, oder das Erlebnis, so hoch über den Menschen und ihrem Treiben zu stehen, ein Leben erfüllen und eine neue Bewußtseinsebene schaffen kann. Schon rein körperlich hat eine Gipfelerstürmung enorme Auswirkungen. Wir wissen heute, daß Bergsteigen ein überaus gesunder Sport, eine große Leistung ist; manche Ärzte empfehlen es sogar als Therapie. Gerade in jüngster Zeit hat sich das ›Berglaufen‹ als Sportdisziplin etabliert, die bereits erstaunliche Erfolge verbuchen kann. Beispielsweise sei daran erinnert, daß bei Keuchhusten Besuche der Zugspitze Linderung oder sogar Heilung versprechen: Der plötzliche und heftige Höhenunterschied, der wechselnde Luftdruck, die unmittelbarere Sonneneinstrahlung, all das stärkt die Bronchien und die Lunge; zudem bewirkt die Höhenluft eine vermehrte Produktion roter Blutkörperchen.

Doch wieder zurück zum ›Narr‹ von Peißenberg, der auch der ›Zugspitz-Jakl‹ genannt wurde. Auch er ist auf der Urkunde in der Kugel des Gipfelkreuzes erwähnt, um dessen Aufstellung er sich bemüht haben soll. Es ist überliefert, daß der Jakl 1849 wieder einmal auf die Zugspitze gerannt war und begeistert dem Pfarrer Ott von Hohenpeißenberg darüber Bericht erstattet hatte. Dieser aber blieb skeptisch, denn eine Zugspitzbesteigung war damals etwas ganz Außergewöhnliches. Zum Beweis aber, daß ein derartiges Unternehmen tatsächlich möglich war, wollte der Jakl beim nächsten Mal einen Daxboschen (Tannenbuschen) auf den Gipfel mitnehmen. Er tats. Beim ersten Versuch, den Buschen oben anzubringen, rollte dieser über den Gipfel hinunter und der Jakl brauchte fünf Stunden, um ihn wieder heraufzuholen. Als der Pfarrer von Peißenberg aus durch sein Fernrohr das Zeichen sah, soll er endgültig den Entschluß gefaßt haben, dort oben ein Kreuz aufzustellen.

In den Jahren um 1850 soll es schon eine ganze Reihe von Männern gegeben haben, die allein um des Bergsteigens und Gipfelsieges willen die Alpen aufsuchten. Der berühmteste auf deutscher Seite war der Bauerssohn *Stephan Steigenberger* aus Ruhpolding – einer der verwegensten Alleingänger der alpinen Geschichte. In jungen Jahren war er im berühmten niederbayerischen Wallfahrtsort Altötting dem

Kapuzinerorden beigetreten, und als Pater Corbinianus hatte er – stets in seiner Kutte und ohne technische Hilfsmittel – schon etwa 400 Gipfel der deutschen, österreichischen und Schweizer Alpen im Alleingang bezwungen, ehe er im Oktober 1855, 22 Jahre alt, die Besteigung der Zugspitze unternahm – wieder allein. Es war eine Gewaltleistung, die dieser Pater vollbrachte, denn sein Anmarsch begann in Seeshaupt am Starnberger See: an die 70 Kilometer legte er an einem Tag bis zum Reintaler Hof zurück. Dort konnte er keinen Schlaf finden, weil die Partnach so geheimnisvoll rauschte. Um vier Uhr am nächsten Morgen brach der Pater auf, vor lauter Erregung vergaß er Frühstück und Proviant; nicht einmal einen Bergstock hatte er bei sich und das Jahr war schon weit fortgeschritten. Der Pater muß schon eine Portion Gottvertrauen gehabt haben. »Die Morgenwanderung durch das Reintal gehört wohl zu den schönsten Genüssen, die die Alpenwelt bieten kann«, schrieb er später, »denn die Natur entfaltet hier eine Wildheit und Großartigkeit, daß man sie kühn mit den gepriesensten Partien Tirols und der Schweiz vergleichen kann. So furchtbar ist der Wände Absturz, daß man selbst in den Hochalpen kaum etwas ähnliches finden dürfte.« Pater Corbinianus kam unangefochten auf den Gipfel, verrichtete ein kurzes Gebet und stieg dann wieder ab. »Es mag nur wenige Berge in den Alpen geben, die eine so herrliche Aussicht bieten«, schrieb er schlicht – und als einer der erfahrensten Hochalpinisten mußte er es ja wissen.

Mit der Entwicklung der Flugtechnik lag es nahe, zu versuchen, die Zugspitze auch aus der Luft zu bezwingen. Der bayerische Fliegeroffizier *Franz Hailer* hatte sich schon vor dem Ersten Weltkrieg mit diesem Problem auseinandergesetzt. Der Bereich um die Zugspitze gilt heute noch als nicht ungefährlich für eine Nah-Befliegung. Vor allem deshalb, weil die unberechenbaren Tal- und Bergwinde im und am Massiv und die Binnentäler dieses Gebirgsstockes, die wie Saugdüsen wirken können, ihre Tücken haben. Das mußte auch Hauptmann Hailer erfahren, als er im März 1922 den ersten Versuch einer Zugspitzlandung, wahrscheinlich der ersten Höhenlandung überhaupt, unternahm. Der Flugzeugkonstrukteur Rumpler hatte ihm eine Maschine zur Verfügung gestellt, und Hailer nahm sich zwei Filmoperateure mit, als er vom Flugplatz München-Schleißheim am 19. März 1922 aufstieg. Es war bereits der zweite Anlauf – zwei Tage vorher hatte er wegen Motorschadens aufgeben müssen.

Nun aber glückte das Abenteuer, und ein Augenzeuge berichtete über die Landung: »Der Tag war wolkenlos und windstill. Die Tage zuvor – Hailer wurde seit mehreren Tagen erwartet – war es kühl gewesen und der Schnee hart. An diesem Tag war es glühend heiß, so daß die Kufen in dem aufgeweichten Schnee tief einsanken und der Propeller leicht aufsplitterte. Hailer versuchte, das Flugzeug in eine Startposition zu bringen, dabei fraß ein Kolben. Das war das Aus (wir konnten das Ganze vom Hochwanner-Gipfel aus recht gut beobachten). Hailer und seine zwei Begleiter (Ruge und Rockefeller) stiegen dann zum Gipfelmeteorologen hinauf und haben sich wohl mit der Zeit vertan, so daß sie tief in die Nacht hineinkamen ... Am nächsten Morgen lag noch nicht einmal auf den Kufen Schnee. Doch waren die drei mit ihren improvisierten Skilatten über sämtliche Windgänge und Buckelwächten gefahren. Abends rief Hailer Rumpler an und berichtete: ›Landung geglückt, aber Flugzeug verloren.‹ Darauf Rumpler: ›Können Sie das Flugzeug denn nicht unterstellen?‹ Hailer ziemlich konsterniert: ›Wie soll ich denn hier unterstellen?‹ Rumpler: ›Irgendwo werden Sie doch unterstellen können!‹ Darauf lief Hailer rot an und brüllte minutenlang:

›Das Flugzeug steht auf dem Gletscher!‹ Da blieb es dann, wenn auch nicht lange. Den Motor holte ein Kommando ab; die Instrumente hatte Hailer schon zur Knorrhütte mitgebracht; von der Leinwand der Tragflächen schnitt sich ein Maler heraus, soviel er schleppen konnte, und alles was Holz war, und das war das meiste, wanderte in den Ofen der Knorrhütte. Die beiden Berliner wurden von einer Führungsgruppe abgeholt – ihr Abmarsch war bühnenreif! Hailer fuhr mit uns zusammen über das Gatterl ab nach Ehrwald. ›An sich kein Kunststück. Aber daß ich das mit dieser alten Kiste gemacht habe, war schon eine Leistung!‹ so sein abschließendes Urteil.« Zum zweiten Mal hatte ein bayerischer Offizier die Zugspitze erobert – diesmal aus der Luft.

Die erste eigentliche Fluginvasion erlebte die Zugspitze am 31. Januar 1925 anläßlich eines Zugspitz-Flug-Wettbewerbs: Zwölf teilnehmende Maschinen umkreisten dabei den Gipfel, ehe sie bei Garmisch-Partenkirchen landeten. Damit war der Höhenbann endgültig gebrochen.

Zwei Jahre darauf unternahm *Ernst Udet* das wohl kühnste fliegerische Kunststück jener Zeit: den Start von der Zugspitze mit einem Segelflugzeug! Ein zerlegter Segler war mit der österreichischen Zugspitzbahn zur Bergstation gebracht worden. Den Rumpf ließ man am 20. April 1927 mit Seilen aus einem Stollenfenster im Gratkamm auf das Schneefernerplatt hinunter – dabei bekam Udet gleich einen Vorgeschmack von dem, was ihn bei seinem Vorhaben erwartete. Die Männer waren mit der linken Tragfläche schon fast bis an den Startplatz über dem weiten Schneekessel abgestiegen, als eine Böe den leichten Flügel mühelos in die Luft hob und drei Kilometer weiter unten, bei der Knorrhütte, wieder in den Schnee fallen ließ. Schließlich wurde der vom Wind verwehte Flügel auch noch eingeschneit. Trotz schlechten Wetters suchte man mit Lawinensonden nach der Tragfläche und fand sie auch – allerdings beschädigt durch den Anprall an eine Felswand. Sie mußte nun mühsam wieder zur Bergstation hinauftransportiert und über die Seilbahn nach München zur Reparatur befördert werden. Vier Tage darauf wurde der Flügel erneut montiert. Udet versuchte zweimal einen Start; durch fehlende Aufwinde gelang es ihm nicht, abzuheben. Wieder setzten schwere Schneestürme ein, aber Udet ließ nicht locker.

Am 29. April 1927 war es dann soweit: Udet unternahm den ersten alpinen Start der Segelflug-Geschichte. Am Morgen hatte man zunächst das völlig eingeschneite Flugzeug ausgraben müssen. Der Pilot wollte vom Fuß des Schneefernerkopfes aus starten; doch es war windstill, so wagte Udet etwas Außerordentliches: Er startete in Richtung Schneefernerscharte, die ihm als tiefe Sattelkerbe zwischen den drohenden Gratfelsen gegenüberlag. Eine Böe wie jene, die die Tragfläche weggeblasen hatte, würde ausreichen, um sein Flugzeug gegen die Felsen dieses Engpasses zu schleudern. Doch das tollkühne Unternehmen glückte. Knapp über die Scharte hinweg schoß Udets Vogel nach gelungenem Start hinaus gegen Westen, da dort, an den gewaltigen Abstürzen des Massivs, gute Aufwinde zu erwarten waren. Doch hier tat sich auch fast zweitausend Meter tief der schreckliche Abgrund auf, der ebensogut die Maschine abwärts saugen konnte. Udet blieb 25 Minuten lang in der Luft, ehe er in Ehrwald zur Landung ansetzte.

Es war ein beispielloses Ereignis! Udet hat ein Jahr später versucht, den Berg von unten her anzugehen: Auf dem zugefrorenen Eibsee startete er am 23. Februar 1928 mit Schneekufen an seinem winzigen Eindecker, einem Segelflugzeug, dem nachträglich ein 20 PS-Motor eingebaut worden war. Mit diesem ›Seelenverkäufer‹ landete Udet auf dem Zugspitzplatt, startete dort von neuem und machte einen Zugspitz-Rundflug, ehe er einen Passagier für den Rückflug aufnahm und unversehrt wieder auf dem See aufsetzte.

Heute ist die Zugspitze für die Fliegerei nur noch insofern interessant, als beispielsweise dort Hubschrauber landen, die Material für die immer neuen Baustellen am Platt abliefern, um langwierige Transporte mit den Bergbahnen zu vermeiden. Und gebaut wird auf Deutschlands höchstem Berg immer noch – vor allem Skilifte und Bahnstationen, aber auch technische und wissenschaftliche Anlagen. Dabei werden wahre Kunstflugmanöver riskiert. In diesem Zusammenhang darf man die Piloten der Bergungsmaschinen nicht vergessen zu erwähnen, deren Erfahrung, Können und Geschick bei alpinen Unfällen über Leben und Tod entscheiden.

Nach dem Zweiten Weltkrieg war die Zugspitze Funkbrücke für den amerikanischen Luftverkehr zwischen Nord- und Südeuropa. Als in den fünfziger Jahren der Polizeifunk eingeführt wurde, erschloß man von der Zugspitze als Zwischenstation die entlegenen bayerischen Alpentäler für die moderne Polizeifahndung.

Die extreme Höhe und Lage des Gipfels an der Nordwestecke der Alpen machten ihn auch für die Forscher interessant. Schon um 1950 untersuchten Geologen die Gipfel und Gletscher auf der Zugspitze. Anlaß hierfür war ein gigantisches Projekt: Auf dem Gipfel sollte ein Hochhaus, eine Art ›Gralsburg der Wissenschaften‹ errichtet werden. Vorgesehen war ein riesiger, achtstöckiger Betonbau an der Stelle des ›Münchner Hauses‹; der größte Teil des Gipfelgrates wäre überbaut worden. Wetterdienst, Bundespost und Max-Planck-Gesellschaft wollten sich zusammen mit anderen wissenschaftlichen Organisationen an diesem Gipfelprojekt, dessen Entwurf schon vorlag, beteiligen. Laboratorien, Meßstationen, Wohnungen für die Wissenschaftler und für das Bedienungspersonal – alle notwendigen Einrichtungen für diese künftige Großstation der Forschung waren vorgesehen. Doch es fehlte damals das Geld für dieses Vorhaben, das der Höhenstrahlenforschung gedient und neue Möglichkeiten für die beginnende Nuklearforschung gebracht hätte. Es blieb bei der Planung.

Aber kaum eine Generation später war der Gipfel dann doch zugebaut, weniger mit Instituten für die Wissenschaft, als vielmehr mit Einrichtungen für den Fremdenverkehr, für Telegraphie und Fernsehen. Daneben errichtete man eine kleine Station für Höhenstrahlen-Messung in einer Gipfelbaracke der Bundespost. Die Messungen wurden u. a. bei den Forschungen anläßlich des Geophysikalischen Jahres 1958 in die internationale Auswertung mit einbezogen. Die meteorologische Station des Deutschen Wetterdienstes, die in dem Turm des ›Münchner Hauses‹ untergebracht ist, dient bereits seit der Jahrhundertwende ebenfalls der internationalen Forschung. Seit mehr als acht Jahrzehnten sind die dort oben durchgeführten regelmäßigen Messungen ein wichtiges Kriterium für die Beobachtung des Alpen-Wetters.

Seit Bergbahnen auf die Zugspitze fahren, hat auch die Mode den Gipfel erobert: Es fanden schon einige Modeschauen auf den Hotelterrassen über dem Zugspitzplatt statt; sportliche Wintermode wird immer wieder dort oben vor der faszinierenden Kulisse photographiert, und nicht zuletzt feierte man in dieser alpinen Höhe sogar schon einen richtigen Kölner Karneval, bei dem die ›Roten Funken‹ mit ihrem ›Funkenmariechen‹ der Zugspitze etwas vortanzten.

Die Technik erschließt den Berg

Tauziehen Bayern-Tirol

Doch zurück zu den Anfängen der Erschließung der Zugspitze. Erst das 19. Jahrhundert hat den Alpen den Fremdenverkehr gebracht. Zudem hatte die Technik völlig neue Möglichkeiten zur ›Entdeckung‹ der Berge an die Hand gegeben. Der Gedanke, Bahnen auf die Gipfel zu bauen, nahm nun sehr schnell konkrete Formen an. Wohl gab es genug warnende Stimmen, die bisher unberührte Bergwelt doch nicht zu entzaubern und zu verschandeln. Aber andrerseits waren es gerade begeisterte Bergfreunde, die das Gipfelerlebnis allen Menschen gönnen wollten und deshalb den Bergbahn-Gedanken trotz all seiner Schattenseiten unterstützten. Der Kampf zwischen zwei Weltanschauungen – den Befürwortern und den Gegnern der Bergbahn – ist auch heute noch nicht ausgefochten.

Ein Markstein in der Geschichte der Bergbahnen war der Bau der Pilatusbahn 1889. Diese Zahnstangen-Bahn mit Dampfantrieb und Steigungen bis zu 48 Prozent lieferte den Beweis, daß man mit Hilfe von Steilbahnen die Gipfel erreichen konnte. 1891 war eine Bahn auf das Rothorn bereits bis auf 2252 Meter Höhe vorgedrungen; und 1893 lagen schon Entwürfe für die Gornergratbahn, sowie für Bahnen auf die Jungfrau und das Matterhorn vor, die bis in Höhen von über 4000 Metern vordringen sollten. Der Bergbahngedanke wurde von kühnen Ingenieuren und Technikern rasch vorangetrieben und forciert.

Zu einer Zeit, da die Schweiz aus ihren Bahnen schon Fremdenverkehrskapital schlug und bergbahntechnische Pionierarbeit leistete, führte die Zugspitze noch ein stilles Dasein. 1879 waren die ersten Wegsteige durch das österreichische Schneekar hinauf zum Zugspitzgipfel erkennbar; in den achtziger Jahren begannen der Deutsche und Österreichische Alpenverein von deutscher Seite aus mit den ersten systematischen Wegebauten durch das Höllental und von der alten Knorrhütte auf den Westgipfel. Damit wurden die Voraussetzungen für den Bau des Gipfelhauses (1896/97) geschaffen, das unter dem Namen ›Münchner Haus‹ bald viel Berühmtheit erlangte. Im Jahre 1900 zogen in dieses Haus die Meteorologen mit ein. Sie haben seither

Die Maler des 19. Jahrhunderts waren darauf bedacht, Naturdarstellungen, insbesondere Gebirgsmotive, romantisch verklärt und gleichzeitig dramatisch übersteigert auf die Leinwand zu bringen. Carl Rottmann mit seinem Bild ›Eibsee‹ (1825) verzichtet auf eine naturgetreue Abbildung zugunsten einer freien Komposition: Das Zugspitzmassiv hat er durch einen pyramidenförmigen Schneegipfel überhöht. Der Eibsee und die Matten liegen im Schatten, das Licht konzentriert sich in den Bergspitzen. Im Vordergrund auf einem Hügel, in gebührendem Abstand zur Kulisse, beobachten zwei Wanderer die mächtige Gebirgsszenerie. Der eine blickt vornübergebeugt in die klaren Wasser des Eibsees, der andere gedankenverloren, dem Zug der Vögel folgend, in Richtung Berge. Rottmann hat seine Darstellung zu einer Art Monument ›Gebirgswelt‹ stilisiert.

▶ *Die Anfänge des Bergsteigens: Mit einfacher Ausrüstung, Rucksack, Skistock, Seil und Steigeisen vollbrachten die ersten Gipfelstürmer unglaubliche Leistungen.*

▶ *(rechts oben) Um 1890 zierte den Zugspitzgipfel einzig eine Signalstange. Noch gänzlich unberührt von der Technik erheben sich die mächtigen Steinbrocken des Gipfelfelsens über die Täler.*

▶ *(rechts unten) Nach 1900 prangte auf Deutschlands höchstem Berg bereits das Münchner Haus, das zusammen mit dem Turm und einigen Nebengebäuden anfangs die erste deutsche meteorologische Gipfelstation beherbergte. Von diesem Zeitpunkt an konnte unser Wetter besser und präziser bestimmt werden.*

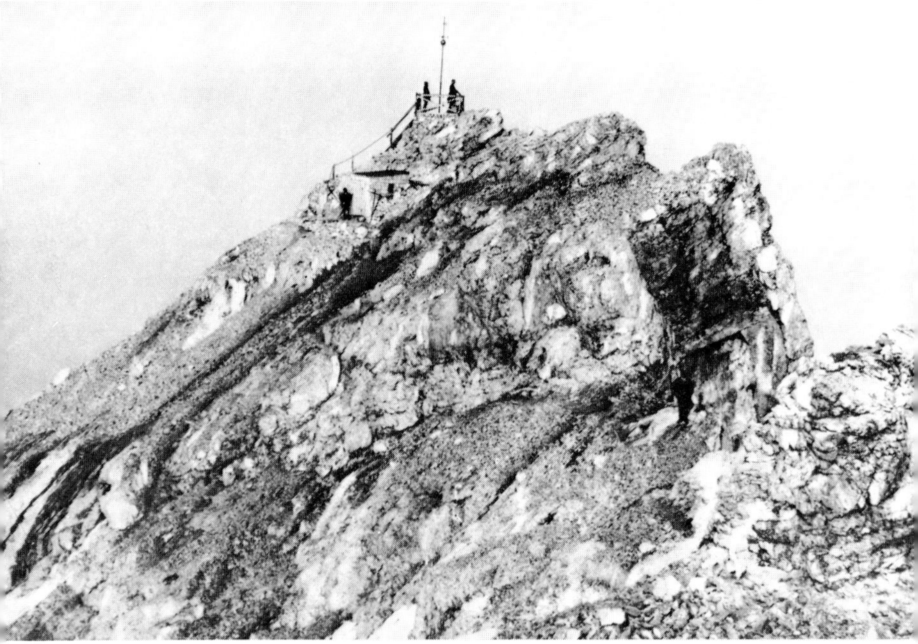

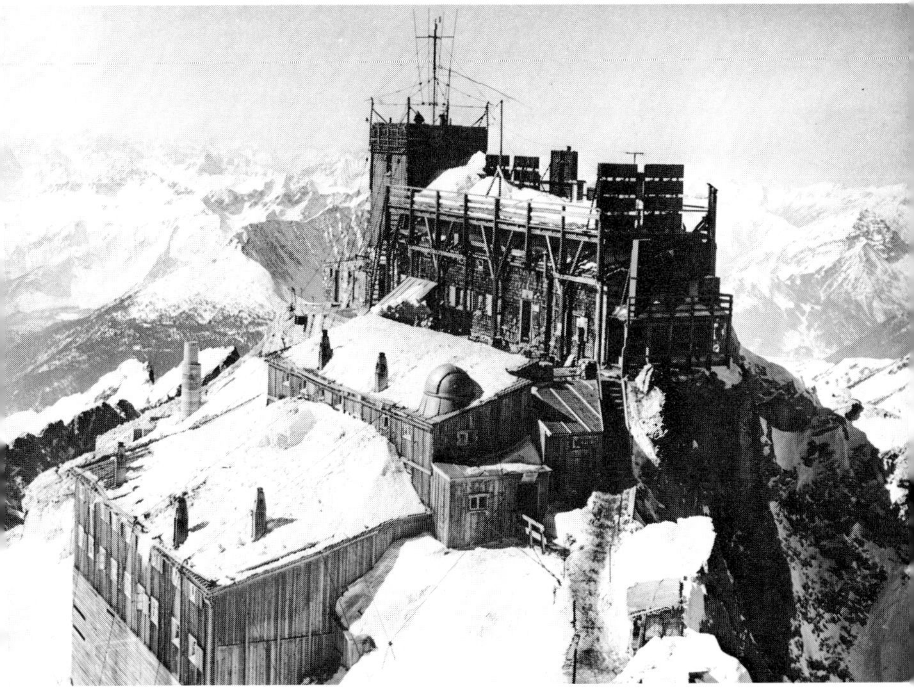

– nur mit kurzer Unterbrechung nach dem Zweiten Weltkrieg – den Gipfel und ihren Beobachtungsturm nicht mehr verlassen. Die Zugspitze war nun ›bewohnt‹. Voraus ging ein heftiger Streit mit jenen Alpenvereinsmitgliedern, die sich gegen eine Erschließung des Gipfels für den Massentourismus gestellt hatten. 63 hüttenfeindliche Mitglieder, unter Leitung von Dr. Max Madlener, traten daraufhin aus und gründeten die Sektion ›Bayerland‹. Drei Jahre später allerdings brachte sie das Mitglied Leo Meiler mit seiner Stiftung und Erbauung der Meilerhütte unterhalb der Dreitorspitze in arge Verlegenheit. Nun mußten auch sie sich dem Zug der Zeit beugen. Schon im Jahr 1900 hatten sie die ersten alpinen Klettersteige mit Eisen und Drahtseilen im Gebiet der Dreitorspitze angelegt.

Um die Jahrhundertwende standen die beiden angrenzenden Länder, Bayern und Tirol, vor der Frage, ob man im Zeichen des zunehmenden Fremdenverkehrs den Berg mit einer Bahn bezwingen sollte. Den Österreichern erschien zunächst ein Bahnbau unergiebig – und technisch auch kaum durchführbar –, denn die Grenze zwischen beiden

Der zerklüftete Teil des Gipfels (rechts im Bild) ist heute nicht mehr zu sehen. Schon 1938 wurde dieser Felsen weggesprengt, um einer Flugleitstelle für die Deutsche Wehrmacht Platz zu schaffen, die allerdings nie gebaut wurde. Der Turm der Wetterstation (links daneben), der bereits um 1900 entstanden ist, kann heute noch bewundert werden.

Auch dieser Stahlstich von Winkle zeigt die romantisch übersteigerte Verklärung der Bergwelt. Dargestellt ist die Ballengasse in Partenkirchen (um 1850). Doch bleibt der Künstler dieses Werkes weit mehr bei der Realität, als beispielsweise Rottmann. Hinter dem Kirchturm erheben sich die Waxensteine und das Zugspitzmassiv mit dem Höllentalferner. Das Gebirge wird hier nicht künstlich stilisiert, sondern miteinbezogen in eine idyllische Landschaft.

Der entscheidende Schritt für die Erschließung der Zugspitze war der Bau des
›Münchner Hauses‹. M. Zeno Diemer hielt den feierlichen Augenblick, den Tag der
Einweihung, den 19. September 1897, in seiner Zeichnung fest. Sein Beobachtungs-
punkt muß der Ostgipfel gewesen sein.

Ländern verläuft ja genau auf der hufeisenförmigen Schneide des Bergmassivs. Österreich besitzt auf seiner Seite nur Steilabstürze, die zwar außerordentlich imposant sind, doch touristisch kaum Möglichkeiten bieten, dafür um so mehr technische Schwierigkeiten aufwerfen. Bayern hingegen hat das Glück – seit der Grenzziehung von 1766 –, alles ›Verwertbare‹ der Zugspitze zu besitzen: die günstigen Anmarschtäler, die beiden Gletscher und – was sich später als Trumpf im Wettrennen um den Gipfel erweisen sollte – das Zugspitz- beziehungsweise Schneefernerplatt mit seinem sieben Quadratkilometer großen Skigelände. Auch für Klettertouristen liegen die beherrschenden Ausgangspunkte auf bayerischer Seite. Schon fanden sich einige kluge, vorausschauende Köpfe, die die Zugspitze bereits in Gedanken systematisch in die Entwicklung des Fremdenverkehrs in Garmisch und Partenkirchen mit einbauten. Der Garmischer Apotheker *Max Byschl* gehörte zu den ersten, die sich begeistert für eine Bergbahn einsetzten.

1899 lag der bayerischen Regierung zum ersten Mal ein Konzessionsgesuch für eine Bahn auf die Zugspitze vor. Noch dachte niemand daran, Menschen mit Seilschwebebahnen zum Gipfel zu befördern, sondern mittels Stand-Seilbahnen oder Bahnen mit Zahnstangenbetrieb. Seine königliche Hoheit, Prinzregent Luitpold, lehnte das Gesuch ab. Die offizielle Begründung hielt das Verkehrsbedürfnis für eine solche Bahn nicht für ausreichend genug, doch in Wirklichkeit war wohl dem naturverbundenen Jäger-Prinzregenten der Gedanke an eine ratternde Bergbahn bis hinauf in die Gams- und Gletscherreviere ein Greuel.

Aber bereits 1905 tauchte wieder ein Entwurf auf, und 1907 erhielt die Lokalbahn-AG München zum ersten Mal eine Projektierungs-Konzession auf zwei Jahre. Ab diesem Zeitpunkt dachte man, daß es gleichsam ein nationales Anliegen sein müsse, auf des ›jungen Reiches höchsten

Gipfel‹ eine Bahn zu bauen. Jedenfalls versuchten die Berg-
bahn-Förderer immer wieder, dieses nationale Argument
ins Spiel zu bringen. Man begann, daran zu erinnern, daß
die Zugspitze näher an München, das heißt bei einer Groß-
stadt und zudem noch Landeshauptstadt liege, als irgend-
ein anderer hoher Gipfel der Alpen. Und schließlich kam
noch der Ehrgeiz dazu: Was die Schweizer mit ihrer Jungfraubahn fertigbrachten, müßte ›bei uns‹ doch auch möglich sein.

Eine Denkschrift von 1907 soll uns zeigen, wie man sich
damals in etwa die Bezwingung der Zugspitze vorstellte.
Schon 1904 hatte der herausragende Alpinist Hans Leberle
darauf hingewiesen: »Die Zugspitze ist ein Modeberg für
alle Welt, bloß mit einem speziellen patriotischen Beige-
schmack: Sie wird über die Aufgaben des Alpenvereins
hinauswachsen. Wie wird es wohl in zehn Jahren aussehen?« Dazu kommentierte eine Münchner Zeitung: »Mit
klarem Blick erkennt dieser Kletterer die Zukunft. Niemand sieht gerne sein Kind über sich hinauswachsen, möge
aber der Alpenverein und speziell die Sektion München,
deren Arbeit gerade an der Zugspitze so vieles zu verdanken ist, sich der Zeiten des Kampfes um das ›Münchner
Haus‹ erinnern, sich ohne Groll mit dem Gedanken abfin-
den, daß der höhere Zweck stets vorzugehen hat ... Hoffen
wir, daß die Zugspitze bis 1910 die Lokomotive zu tragen in
Huld und Gnade bereit sein wird.«

Der Ingenieur *Wolfgang Adolf Müller* konnte in der Denkschrift von 1907 zu seinem kühnen Zugspitzbahn-Projekt
als Rentabilitätsgrundlage schon eine beachtliche Frem-
denverkehrsbilanz anführen: München hatte 1904 schon
220 000 Fremde gezählt, Garmisch und Partenkirchen mit
den Attraktionen Partnachklamm und Eibsee 135 000; das
Passionsspieljahr 1900 hatte ins benachbarte Oberammergau 173 000 Besucher gelockt; die gerngesehenen bayeri-

schen Königsschlösser lagen in nächster Nähe – kurzum, Müller errechnete sich auf weite Sicht einen Gewinn von jährlich rund 250 000 Goldmark bei vierzig- bis fünfzigtausend Fahrgästen. Seine Bahn sollte 4,2 Millionen Mark kosten. »Die Bahn kann als gesichert gelten«, frohlockte Planer Müller und entwickelte sein Projekt: eine flachere Talbahn von Garmisch zu dem vielbesuchten Eibsee und von dort in zwei Abschnitten mit Umsteigen am Riffelriß: eine elektrische Stand-Seilbahn mit einem 1,6 Kilometer langen Steiltunnel durch das Gratmassiv der Zugspitze hindurch auf die Südseite des Ostgipfels. Frühere Projekte hatten unter anderem eine Zahnradbahn durch das Reintal über die Knorrhütte zum Zugspitzplatt vorgesehen oder eine offene Zahnstangenbahn vom Eibsee aus in Serpentinen an den Nordwänden entlang. All diese Pläne, kalkulierte Müller, wären zu teuer geworden oder technisch zu umständlich – bei den Serpentinen gar hätte man auf österreichisches Gebiet hinübergemußt – »was aus einer Reihe von wichtigen Gründen dringend vermieden werden muß«.

Müller hatte ein sehr kühnes Projekt entwickelt: Die Strecke vom Eibsee zum Riffelriß (1650 Meter) hinauf sollte eine schräg laufende, frei schwebende Seilbahn überbrükken. Nach dem Umsteigen ginge es sofort in den Tunnel, der mit einer phantastischen Steigung von 66 Prozent – nahezu als Lift – im Fels unter den Ostgipfel führen sollte. Den steilsten Tunnel der damaligen Zeit hatte die bereits erwähnte Pilatusbahn mit 48 Prozent Maximalsteigung. Den Plan einer Zahnradbahn durch einen flach ansteigenden Tunnel im Felsmassiv – der Jungfraubahn vergleichbar – lehnte Müller als »völlig ausgeschlossen« ab, da die Kosten für den Tunnelbau unerschwinglich hoch wären. Müller kalkulierte vorsichtig mit ein, daß die Arbeitskraft in Höhen über 2700 Metern ganz rapide abnimmt – das hatte der Bau der offenen Gornergratbahn gezeigt, bei dem die italienischen Arbeiter nach kurzer Zeit erschöpft und an Fieber erkrankt wieder zu Tal gebracht werden mußten. Diese Tatsache brächte ganz erhebliche unvorhergesehene Schwierigkeiten mit sich. Dagegen hatte man beim Tunnelbau der Jungfraubahn die Erfahrung gemacht, daß die Arbeit im Tunnel selbst in Höhen über 3200 Metern keine größeren Beeinträchtigungen und Gesundheitsschäden hervorrief. Eine Zahnrad-Trasse entlang der Zugspitzwände glaubte Müller mit Rücksicht auf Lawinen- und Steinschlaggefahr ablehnen zu müssen.

Ebenfalls 1907 erhielt ein anderer Vorschlag eine zweijährige Konzession: Die Lokalbahn-AG München wollte vom Eibsee aus mit einer Zahnradbahn auf die Ehrwalder Köpfe (1580 Meter) vorstoßen, die bereits in Österreich liegen; von dort aus sollte – und das war für diese Zeit sensationell – eine Seilschwebebahn in zwei Abschnitten den Zugspitzgipfel unmittelbar erreichen. Bei einer Versammlung des ›Fremdenverkehrsvereins für München und das bayerische Hochland‹ referierte der Garmischer Apotheker Max Byschl zum ersten Mal über Müllers Projekt, das daraufhin wie eine Bombe einschlug: »Die Versammlung ist sich darüber einig, daß die Herstellung einer Zugspitzbahn nicht nur für das Werdenfelser Land und seinen Fremdenverkehr, sondern in hohem Grade auch für den gesamten Fremdenverkehr im Königreiche und für die Rentabilität der neuen Mittenwalder und Griesener Bahnlinie von größter Bedeutung wäre. Eine solche Bahn auf den höchsten Gipfel des Deutschen Reiches wird einen mächtigen Anreiz zum Besuche Bayerns, seiner Hauptstädte wie unserer Gegend bewirken, wobei die, viele Norddeutsche zur Fahrt veranlassenden, nationalen Gefühle nicht gering zu veranschlagen sein werden.«

Sofort wurde ein Zugspitzbahn-Komitee gewählt und ein Flugblatt verteilt, das vielerorts flammende Begeisterung auslöste. Es ist auch insofern interessant, als es eine gewisse deutsche Priorität des Zugspitzbahn-Gedankens für sich in Anspruch nahm: »Die Frage lautet nicht mehr: Wollen wir eine Zugspitzbahn? – Nein, sie lautet: Was ist zu tun, um die Bahn auf den höchsten Gipfel des Deutschen Reiches dem bayerischen Lande zu erhalten? Der Plan, von Ehrwald-Lermoos aus auf die Zugspitze eine Bahn zu bauen, wird alsbald auftauchen, und wenn man in Bayern nicht zuvorkommt, sondern müßig zusehen wollte, dann könnte es kommen, daß des Deutschen Reiches höchste Zinne nur vom Ausland aus mittels Bahn erreichbar wäre. Es wäre unrühmlich von Bayern, hier den Zeitpunkt zu verpassen und zu warten, bis man in Tirol uns den Rang abgelaufen hat«. Byschl hatte flammende patriotische Begeisterung ausgelöst, als er forderte: »Dem Bayernlande in erster, dem Deutschen Reiche in zweiter Linie gehört die Zugspitze zu eigen; heraus aus dem besten bayerisch- und deutsch-patriotischen Empfinden trete ich für die Sache ein und stelle die Frage, ob ich recht habe, wenn ich behaupte: Für die Zugspitzbahn arbeiten ist nicht nur eine für das Land volkswirtschaftlich bedeutsame, sondern im viel höheren Grade eine bayerisch- und deutsch-patriotische Tat!« »Die Idee der Zugspitzbahn ist eine nationale und patriotische Idee«, hieß es in dem Flugblatt des Komitees weiter, »unsere Aufgabe soll es sein, sie in den Sattel zu setzen, reiten wird sie – wir hoffen das – von selbst können.«

Die Zugspitzbahn-Polemik, die sich einerseits um das Thema Bayern contra Österreich drehte, andrerseits um die Frage, welches System nun das richtige sei, hat hohe Wellen geschlagen, oftmals die Regierung und später sogar das Parlament beansprucht. Es waren unzählige, teils phantastisch utopische Vorschläge eingereicht worden. In München spottete man schon, daß die Papierflut der Zugspitzprojekte bald so hoch stünde, daß man darauf problemlos den Gipfel erreichen könnte und deshalb gar keine Bahn mehr bräuchte. Man hielt Begeisterungs- und Protestversammlungen ab. Der Alpenverein, der die Unberührtheit der Bergwelt erhalten wollte, geriet dabei mehr und mehr ins Hintertreffen.

1909 hatte der österreichische, in München lebende Ingenieur *Josef Cathrein* mit einem Projekt Aufsehen erregt, das für die damalige Zeit konkurrenzlos in seiner Kühnheit war: Er schlug vor, vom Eibsee aus über die Riffelwände auf den Ostgipfel der Zugspitze eine Seilbahn zu bauen, die in einem Stück – und im oberen Teil mit außerordentlicher Steigung – die 2000 Meter Höhenunterschied überbrücken sollte. Die Technik war inzwischen schon so weit fortgeschritten, daß man den Sprung von der bisher gebräuchlichen Stand-Seilbahn zur Personenschwebebahn ohne weiteres riskieren konnte. Doch die Hochfinanz war für Cathreins Pläne nur schwer zu gewinnen. Er erhielt zwar 1909 die Projektierungsgenehmigung, die 1911 noch erweitert wurde, fand aber keine Geldgeber. Die Rentabilitätsberechnungen, die er vorlegte, vermochten die Finanzleute nicht zu überzeugen.

Während in der Öffentlichkeit für die ›nationale Aufgabe‹ einer Zugspitzbahn geworben wurde, blieben die kapitalkräftigen Kreise schon eher zurückhaltend. Die Hemmschwelle konnte deshalb nicht überwunden werden, weil der hohe Kapitalaufwand für ein solches Unternehmen noch in keinem Verhältnis zum möglichen Ertrag gesehen wurde. Die Finanziers errechneten kühl, daß bei dem ungeheuren Aufschwung von Industrie und Handel, den Deutschland in diesen Jahren zu verzeichnen hatte, Gelder ungleich produktiver und sinnvoller in schwerindustriellen Unternehmungen angelegt werden konnten als in Bergbahnen, bei denen es unter Umständen Jahre dauern würde, bis die investierten Summen ›umgelaufen‹ wären. Die Industrie stieß schnellere Gewinne aus – deshalb fand Cathrein nur zweifelndes Achselzucken. Dabei stand er unter Zeitdruck, denn seine Konzession war befristet: Hatte er bis 1913 das Geld nicht zusammen, so würde sein Traum von der Schwebebahn zerrinnen!

Inzwischen tobt die Polemik – denn es ist noch ein anderes heimliches Zugspitzbahn-Projekt österreichischen Ursprungs aufgetaucht und ruchbar geworden. Schwere Vorwürfe werden gegen das Bayerische Staatsministerium für Verkehrsangelegenheiten laut: Seit Frühjahr 1910 liege dem Ministerium das ausgereifte Cathrein-Projekt der Schwebebahn zur Begutachtung vor. Nicht einmal bekannt werde, ob man es überhaupt schon einer Würdigung unterzogen habe, schreibt eine Zeitung am 20. Januar 1911, statt dessen verdichte sich das Gerücht, ein österreichisches Projekt, seit Herbst 1910 entworfen, finde die Unterstützung von Münchner Banken und sei so gut wie gesichert. Je länger die bürokratische Verschleppung auf deutscher Seite dauere, um so mehr begünstige man den österreichischen Plan ... Die Finanzierung des Cathrein-Bleichertschen Planes sei schon »ziemlich fortgeschritten«; es sei nichts bekannt, daß unüberwindliche Schwierigkeiten auftreten werden. »Was kann, wenn die Dinge so liegen, deutsche Bankinstitute bewegen, einer österreichischen Sache ihre Unterstützung zu geben; was veranlaßt deutsche Banken, ihrem Vaterland, aus dessen Kanälen ihnen der Hauptteil ihrer Kapitalien zufließt, die Möglichkeit erheblicher wirtschaftlicher Vorteile zu unterbinden!? Es gibt Skeptiker, die den amtlichen Stellen gerade in diesen Fragen der Verkehrs- und Wirtschafts-Politik keinen übergroßen Weitblick zusprechen – und ist irgend jemand zu finden, der es nicht für ein nobile offizium hält, das bayerisch-deutsche Projekt nicht eher aufzugeben, bis nicht reifliche Prüfung und die Verwerfung seiner Unterlagen hierzu zwingt?«

In Garmisch hatte man sich kurz vorher in einer Protestversammlung mit den Befürchtungen einer drohenden österreichischen Konkurrenz befaßt. Dazu kam folgendes Echo aus dem österreichischen Nachbarort Ehrwald: »Wohl durch eine Indiskretion hat man leider in Garmisch-Partenkirchen, früher als gut war, in Erfahrung gebracht, daß in aller Stille und Heimlichkeit eine Gruppe Münchner Kapitalisten den Bau einer Zugspitz-Schwebebahn (gemeint ist von Ehrwald in Tirol aus) vorbereitet. Damit wollte man dem schon weit gediehenen Zugspitzbahn-Projekt Cathrein-Bleichert zuvorkommen. Wir hier in Ehrwald haben, da dieses heimliche Konkurrenz-Projekt durch Benützung Tiroler Bodens unseren Interessen besser entspricht... unsere ausgesprochenen Sympathien auf seiten des neuen Projekts, ja wir wären direkt dafür, daß die Münchner Herren die Zugspitzbahn beim Bahnhof Ehrwald, also in tausend Metern Seehöhe beginnen ließen – aber daran ist bei der erregten Stimmung in Bayern gar nicht zu denken!«

Die bayerische Erregung darüber, daß im eigenen Vaterland in aller Stille und Heimlichkeit ein österreichisches Projekt vorbereitet wurde, schlug heftige Wellen. In Garmisch und Partenkirchen wurden die Bürger aufgerufen, sofort Mitteilung zu machen, wenn sie von Projekten erfahren sollten, die die heimische Wirtschaft durch eine fremde Zugspitzbahn schädigen könnten. Die Bürger sollten sich an der Finanzierung des Cathrein'schen Projektes beteiligen, »wir müssen zeigen, daß wir für unsere Interessen auch Opfer bringen. An unsere lieben Villenbesitzer und immer wiederkehrenden Gäste richten wir die Bitte, das für unser Land bedeutende Werk, das nebenbei eine sichere Verzinsung verspricht, durch Zeichnung von Aktien fördern zu helfen.« »Mögen die maßgebenden Stellen noch rechtzeitig erkennen, was ihres Amtes ist«, erklingt der Kassandra-Ruf einer anderen Zeitung. »Mögen mit ihnen alle Bayern erkennen und danach handeln: Die Zugspitze ist deutsch und die erste Bahn, die ihren Gipfel berührt, soll für immer deutsch bleiben.« Die Zugspitze war damit zu einem hervorragenden Politikum geworden.

Indes fand Josef Cathrein nicht genug Geldgeber; seine Konzession verfiel, aber er blieb – fast wie ein Besessener – immer an der Planung und war auch wieder dabei, als 1913 ein Konsortium von Schweizer Ingenieuren an Prinzregent Luitpold neuerdings ein Konzessionsgesuch für eine elektrische, schmalspurige Stand-Seilbahn auf die Zugspitze richtete, das im Januar 1914 schließlich von König Ludwig III. genehmigt wurde.

Nach Ausbruch des Ersten Weltkrieges wurde diese Konzession auf zwei Jahre nach Friedensschluß verlängert, aber Cathrein, dem es nicht nur um die Idee, sondern auch um die wirtschaftliche Nutzung der Zugspitzbahn ging, sah in den nächsten Jahren mit Krieg, Inflation und Wirtschaftskrise seine jahrelangen Bemühungen immer wieder fehlschlagen. Er hat es noch einmal versucht und erhielt 1925 abermals eine Konzession – diesmal für eine Zahnradbahn – und wieder mußte er sie zwei Jahre später verfallen lassen, weil die Beschaffung von Geld seine Kräfte überstieg. Dieses letzte Cathrein'sche Projekt hatte aber bereits so viele Züge der späteren endgültigen Planung für die Bayerische Zugspitzbahn, daß ihm doch eine besondere Bedeutung zuerkannt werden muß. Von einer Schweizer Ingenieursgruppe waren die Pläne geliefert worden, die Ideen stammten hauptsächlich von *Dr. Zehnder-Spörry* aus Montreux.

Es hat viele Pläne und viele Trassen gegeben, mit denen man die Zugspitze von ihrer bayerischen Seite aus erschließen wollte. Man versuchte diese Alpenfestung in Gedanken auch von ihrer ›weichen‹ Seite, durch das Reintal, zu bezwingen. Doch wären für diese romantische Route sehr umfangreiche Lawinenschutzbauten nötig geworden. Beispielsweise plante man eine Zahnradbahn auf das heute berühmte Kreuzeck; dort sollte ein Höhenkurort entstehen, von wo aus man mitten hinein in die Gipfelwelt des inneren Zugspitzmassivs und sogar durch die Alpspitze hindurch in das Reintal und zum Zugspitzplatt gelangen wollte. Diese Projektgruppe verstand sich als etwas Besonderes im Gegensatz zu allen anderen Plänen, die den Berg von außen, von der bayerischen Nordflanke oder der österreichischen Westflanke her zu erschließen versuchten. An Vorschlägen für verschiedenerlei Trassen mangelte es nicht.

Immer mehr Bedeutung aber gewann bei den Vorarbeiten auf deutscher Seite die Bahnführung von Garmisch aus über das Zugspitzdorf Grainau mit Berührung des Eingangs zur Höllentalklamm hinauf zum Eibsee. Das Problem war, von dort aus am günstigsten die Waldgrenze zu erreichen und weiterhin die Bewältigung der riesigen Felsfront des Massivs.

Nach dem Ersten Weltkrieg beschäftigten sich die besten Spezialisten intensiv mit dem Projekt Zugspitzbahn und die Vorarbeiten gediehen. Der spätere Direktor der Bayerischen Zugspitzbahn, Diplomingenieur *Friedrich Wilhelm Möslein*, hatte schon den Gedanken eines Serpentinen-Tunnels im Felsmassiv erwogen und bereits Vermessungen für das Alpspitz-Projekt eingeleitet.

Da plötzlich warteten die Österreicher, die in aller Stille weitergearbeitet hatten, mit einer Riesenüberraschung auf: An die 1923 in der Tiroler Bezirksstadt Reutte gegründete Österreichische Zugspitzbahn-AG wurde im Herbst 1924 die von deutscher Seite so gefürchtete Konzession erteilt. Dieser Plan sah eine Seilschwebebahn von Ehrwald-Lermoos über das Schneekar hinauf zum Nordwestgrat zwischen Zugspitzeck und Gipfel vor. An keiner Stelle wurde dabei deutscher Boden berührt.

Obwohl Seilschwebebahnen zu dieser Zeit nichts Unge-
wöhnliches mehr waren, überragte doch das österreichische Projekt durch die Kühnheit seiner weitgespannten
Trasse über die wilden Felsbrüche der Nordwest-Flanke
alle bisherigen Pläne. Die Bergstation mußte wie ein Schwalbennest an den Fels ›geklebt‹ werden. Österreich hatte
also das Wettrennen zunächst für sich entschieden. Unter
schwierigsten Bedingungen wurde die Bahn in nur 14 Monaten fertiggestellt und im Juli 1926 in Betrieb genommen.

Österreich hoffte, daß Bayern nun zu einer gemeinsa-
men Regelung für die beiderseitige Benützung dieser Zugspitzbahn bereit wäre. Auf diesen Kompromiß konnten die
Bayern nicht eingehen, waren doch auf bayerischer Seite
die Vorbereitungen schon zu weit fortgeschritten. Das Projekt von 1925 bot bereits konkrete Verwirklichungsmög-
lichkeiten, so daß die Landesregierung auf ihre Bahn nicht
verzichten wollte. Nachdem aber die Cathrein'sche Konzession verfallen war, wurde eine neue zu erleichterten
Bedingungen ausgeschrieben. Aus einer Reihe von Ent-
würfen wählte man schließlich die drei aussichtsreichsten
aus: ein Modell für eine Seilschwebebahn, eines für eine
Seil-Standbahn und eines mit dem System für eine Zahnradbahn.

In Fach- und Finanzkreisen gab es fast ein Jahr lang
schwere Kämpfe vor allem darüber, welchen Entwurf man
nun nehmen sollte. Schließlich setzte sich der Gedanke
einer Tunnelbahn im Zugspitzmassiv durch. Man wollte
vom Riffelriß (1650 Meter) aus an der Nordseite im Fels den
Höllentalgletscher unterfahren, dann auf der Südseite kurz
ans Tageslicht kommen und am Platt in 2649 Metern Höhe
ein Hotel errichten. Von dort aus wollte man die Bahn
erneut im Fels verschwinden lassen und so schließlich den
Gipfel erreichen. Dieser letzte Gedanke wurde später vor
allem deswegen aufgegeben, weil der geologische Befund

zeige, daß die Gipfelpartien stark verwittert sind und sich deshalb für eine Tunnelführung nicht eignen.

Am 1. April 1928 wurde die endgültige Konzession nach langen Beratungen des Bayerischen Ministerrates an ein Konsortium vergeben, das aus der Allgemeinen Lokalbahn-AG und der Kraftwerke-AG Berlin, der bekannten AEG Berlin sowie der Süddeutschen Treuhandgesellschaft München bestand. Eine ›Heirat zwischen Bayerischer Naturschönheit und Berliner Geld‹ hatte die dreißig Jahre dauernden Kämpfe um eine deutsche Zugspitzbahn erfolgreich beendet.

Der Ingenieur Josef Cathrein, dieser eigenbrötlerische, betriebsame Zugspitzbahn-›Besessene‹, der ein Leben lang um den Bau der Bahn gekämpft hatte, starb im gleichen Jahr, in dem die erste Teilstrecke des bayerischen Projektes eingeweiht wurde, das nicht zuletzt seiner jahrzehntelangen Ausdauer zu verdanken war.

Jenseits der Grenze, in Lermoos, zeigte sich bei der österreichischen Bahn bereits ein großes Problem: Das Kammhotel der Gipfelstation lag nicht nur auf der ›Schattenseite‹, sondern dazu noch 162 Meter unterhalb des Gipfels. Man konnte es, ebenso wie das begehrte Platt, nur durch eine abenteuerliche Gratwanderung erreichen. Das war dem österreichischen Fremdenverkehr äußerst abträglich. Darum plante man, vom Kammhotel aus einen Stollen durch den Gratfelsen des Zugspitzecks zu legen, um das Platt von Österreich aus zugänglich zu machen. 1927 wurde mit dem Bau dieses 700 Meter langen Stollens begonnen. Die Tiroler brauchten aber – wollten sie hohe zusätzliche Kosten vermeiden – Stollenfenster auf der bayerischen Seite, um dort das abgebaute Material auswerfen zu können.

Nachdem das Fenster fertiggestellt war – mit Genehmigung der bayerischen Behörden – geisterten plötzlich Meldungen durch die Zeitungen, die Österreicher würden den Stollen nicht mehr weiterbauen, sondern nun das Fenster als Ausstieg für ihre Skifahrer auf das Zugspitzplatt benutzen. Darüber kam es zum ›Fensterkrieg‹! Das wäre gegen die Abmachung und die bayerische Regierung habe ganz recht, wenn sie ›zur Strafe‹ das Fenster habe zunageln lassen, so las man in den Zeitungen. ›Ganz Österreich schrie auf‹ angesichts dieser ›Schikane‹. Man war empört, wie ›kleinlich‹ Bayern sich benommen habe. Obwohl von deutscher Seite die Gerüchte sofort dementiert wurden – kein Mensch hätte die Absicht, ein österreichisches Fenster zu vernageln –, so war doch schon viel Porzellan zerschlagen.

Von amtlicher bayerischer Seite wurde schließlich festgestellt, daß die Tiroler Zugspitzbahn-AG ordnungsgemäß um den Fensterbau für Auswurf des Abbruchs ersucht und sich auch erboten hatte, das Fenster später wieder zuzumauern. Die Landesregierung hatte das nachbarliche Ersuchen bewilligt und obendrein gestattet, das Fenster offen zu lassen. Presseberichten zufolge hat »diese Angelegenheit die Beziehungen zwischen Bayern und Österreich zeitweise sehr getrübt«. Durch die langwierigen Verhandlungen verging viel Zeit, der Stollenbau mußte unterbrochen werden; Teile stürzten herunter und Wasser brach ein. Währenddessen lief der Bau der deutschen Zugspitzbahn bereits auf vollen Touren. In Bayern war man deshalb daran interessiert, den Stollen fertig zu sehen, damit auch Baumaterial von Österreich aus heraufgebracht und so viel Geld gespart werden könnte. Am 8. Dezember 1929 wurde der Tiroler Tunnel endlich zur Benützung freigegeben.

Zunächst hatten die Österreicher den Bau der bayerischen Bahn als schweren Schlag empfunden. Zwar hatten weitsichtige Beobachter vorausgesagt, daß sich beide Trassen, gerade durch ihre Verschiedenartigkeit, ergänzen würden und bei wachsendem Fremdenverkehr nebeneinander existieren könnten. Aber der bayerische Bau begann zu einem Zeitpunkt, da es um die Bahn von Lermoos nicht sehr gut stand.

Sie war, wie es gut informierte Kreise bezeichneten, »durch unverantwortliche Machenschaften in ungeheure Schulden gestürzt worden«. Maßgeblich beteiligt an dieser Situation war offenbar der Präsident der Tiroler Zugspitzbahn-AG, Dr. Hermann Stern, zugleich der Vizebürgermeister von Reutte und Geschäftsführer eines anderen bedeutenden Unternehmens. Sterns Verhaftung in München erregte viel Aufsehen. Er aber verklagte wiederum seinen Amtskollegen und Bürgermeister von Reutte, Ema-

Wie ein Schwalbennest klebt die Station der Tiroler Seilschwebebahn am Fels des Zugspitzkammes (rechts unten). Diese Bahn von Ehrwald herauf war schon 1926 vor der Bayerischen Zahnradbahn fertiggestellt worden. Durch den Grat führt ein unterirdischer Tunnel zum Schneefernerhaus; links oben im Bild das österreichische Kammhotel; im Hintergrund die Gebirgszüge der Zentralalpen.

▶ *(links oben) Eindrucksvolle Steilabstürze bietet der westliche Teil des Wettersteinmassivs von Südosten her. Im Vordergrund von links Plattspitze, Hochwanner, Reintalschrofen, Schüsselkarspitze und Übergang zu den Dreitorspitzen. Dahinter von links Schneefernerkopf, Platt, Zugspitzgipfel, anschließend Jubiläumsgrat mit Höllentalspitzen und Hochblassen. Rechts die schneeflankierte Alpspitze.*

▶ *(links unten) Ein Pionier der Luftfahrt landet auf dem Platt: Der Münchner Hauptmann Franz Hailer (auf dem Pilotsitz) hatte 1932 die Zugspitze aus der Luft bereits das zweite Mal bezwungen. 1922 war ihm diese tollkühne Leistung schon einmal gelungen.*

▶ *(rechts) Fremdenverkehr, Forschung und Technik haben den Gipfel erobert: von rechts nach links: die Gipfelstation der Eibsee-Seilbahn mit Restaurant und Terrassen, daneben das Münchner Haus, die fernmeldetechnische Zentrale der Deutschen Bundespost, davor die pyramidenförmige Meßstelle für Höhenstrahlenforschung. Am felsigen Zwischenstück erkennt man die österreichisch-deutsche Grenztafel und ganz links das österreichische Gipfelhotel mit der Ehrwalder Zugspitzbahnstation.*

nuel Turri, der Stern faule Wechselgeschäfte nachzuweisen versuchte. Turri hatte dem Verwaltungsrat der Zugspitzbahn-AG gedroht, er würde einiges aufdecken in Bezug auf Dr. Stern, wenn dieser nicht sein Amt im Verwaltungsrat niederlegen würde; worauf Stern Turri wegen Erpressung anzeigte und dieser vom Amt suspendiert wurde.

Ausgelöst wurde diese Hetzkampagne durch Verhandlungen im Tiroler Landtag: Wer sollte die Haftung für ein Vier-Millionen-Schilling-Darlehen an die Tiroler Zugspitzbahn-AG übernehmen? In diesem Zusammenhang tauchten wiederholt Gerichtskommissionen in Reutte auf; die Buchhalterin von Dr. Stern war verhaftet worden; der Buchhalter der Außerferner Autoverkehrsgesellschaft und die Privatsekretärin von Dr. Stern saßen im Landgerichtsgefängnis Innsbruck. Schließlich holte die Staatsanwaltschaft zu einem Rundumschlag aus: Sie hatte Wind bekommen, daß Dr. Stern vor seiner Verhaftung in verschiedenen Privathäusern in Reutte wichtige Dokumente deponiert hatte, um sie dem gerichtlichen Zugriff zu entziehen. Man wartete, bis Dr. Stern sich wieder sicher fühlte und einige dieser Aktenbündel mit nach Hause nahm. Daraufhin erfolgten Hausdurchsuchungen in jenen Privathäusern und bei Dr. Stern selbst. Bei ersteren fand man wenig, aber in

Eine vorübergehende Hauptattraktion auf der Zugspitze Anfang der dreißiger Jahre waren Lappen mit ihren Schlitten und Rentieren, die aus Nordskandinavien eingeflogen worden waren. Weder Mensch noch Tier hielten die Extrembedingungen solcher Höhe aus und mußten, früher als geplant, zurückgebracht werden.

Ein historischer Augenblick in der Geschichte des Bayerischen Bergbahnbaues. Nach der letzten Sprengung am 8. Februar 1930 war der Durchbruch des Tunnels vom Tal bis hinauf zum Schneefernerhaus geschafft. Eine großartige Leistung: Die Abweichungen der Vermessung hatten nur wenige Zentimeter ausgemacht.

Dr. Sterns Rechtsanwaltskanzlei wurde während der Durchsuchung beobachtet, wie aus einem anderen Zimmer Akten in die Privatwohnung des Verdächtigen gebracht wurden und in der dortigen Küche, Bündel für Bündel, im Herdfeuer verschwanden. Der Untersuchungsrichter höchstpersönlich versuchte, das Beweismaterial dem Feuer zu entreißen – er war nicht der einzige, der sich bei diesem Skandal die Finger verbrannte.

Die Tiroler Bahn war zu diesem Zeitpunkt noch keine drei Jahre in Betrieb, aber finanziell bereits schwer angeschlagen. Schon 1929 hatte Bürgermeister Turri die Möglichkeit eines Verkaufs der Bahn – »aber unter bedeutenden finanziellen Opfern« – erwogen. So schien es wohl die glücklichste Lösung, als 1937, ein Jahr vor dem politischen ›Anschluß‹ Österreichs, die gut florierende Bayerische Zugspitzbahn-AG ihren österreichischen Konkurrenten zu 99 Prozent aufkaufte. Damit war nach fast 30 Jahren das Wettrennen um das ›Dach Deutschlands‹ beendet. Kurios blieb die Tatsache, daß die Zugspitze nun der einzige Berg war, auf den zwei Bergbahnen hinaufführen sollten. Die einst konkurrierenden Nachbarn waren zu einem Unternehmen zusammengeschmolzen, das dem Publikum eine Art ›Karussellfahrt‹ über den höchsten deutschen Berg bieten konnte. Die endgültige Erschließung der Zugspitze hatte 20 Millionen Mark gekostet und zehn Menschenleben gefordert – das ist die Bilanz eines der kühnsten technischen Unternehmen in der ersten Hälfte unseres Jahrhunderts. Neuartig, kühn, gefährlich, das bedeutendste bergbahntechnische Ereignis seit dem Bau der Jungfraubahn, so dürfen wir noch heute, beinahe 60 Jahre nach Vollendung dieser Bahn, das Meisterwerk deutscher und Schweizer Ingenieurskunst bezeichnen.

Die Bayerische Zugspitzbahn von 1928/30 ist eine ›Gipfelleistung‹ geblieben. Die Opfer, die gebracht wurden, haben Millionen von Menschen unvergeßliche Bergerlebnisse vermittelt. Denkwürdig bleibt auch die Geschichte jenes Baues, der in einem Wettlauf gegen die Zeit und in einem beständigen Kampf gegen die sich wehrenden Naturgewalten schon in sich einer Höchstleistung glich.

Von der ganzen Welt war der Bahnbau, der Ende Mai 1928 endlich genehmigt wurde, mit großer Spannung erwartet worden. Das lag vor allem an den besonderen Umständen des Projektes: Fast fünf Kilometer Tunnel in Höhen zwischen 1650 und fast 3000 Metern sollten aus dem Fels gesprengt werden; eine neue Bahnlinie von Garmisch nach Grainau und weiter mit Zahnradantrieb zum Eibsee mußte gebaut und von dort als Zahnradstrecke zum Riffelriß hochgeführt werden. 2250 Höhenmeter waren insgesamt zu überwinden. Das alles könne, so hatte die Verkehrsbehörde kalkuliert, in vierdreiviertel Jahren Bauzeit bewältigt werden. Bei Nicht-Einhaltung des Termines wäre die hinterlegte Kaution von einer Million Reichsmark verloren gewesen. Die Ingenieure und vor allem die Finanziers der Bahn wollten aber noch schneller sein: 1930 war in Oberammergau, dem benachbarten Dorf der Holzschnitzer, wieder Passionsspieljahr. Hunderttausende von Besuchern aus aller Welt würden im Werdenfelser Land zusammenströmen. Ihnen allen wollte man schon die Sensation einer Bahnfahrt auf die Zugspitze bieten. Dafür hatte man aber nur zwei Jahre Zeit. In kühner Vorausschau plante man – bedingt durch die Erschließung – insgeheim sogar schon Olympische Spiele auf der Zugspitze.

Die Zeitnot zwang zu ganz neuen technischen Maßnahmen. Die Ingenieure hatten große bauliche Schwierigkeiten zu bewältigen: Der Berg sollte von der fast sieben Kilometer langen Nordwest-Flanke her bezwungen werden. Gerade dieser westliche Teil wird aber mit zunehmender Höhe

– bis zu 2250 Metern – immer steiler und die Gefahr von Lawinenabgängen und Steinschlag immer größer. Aus diesen Wänden waren – wie berichtet – vor vielen tausend Jahren gewaltige Felsmassen ausgebrochen und hatten im Tal den Sperriegel gelegt, hinter dem sich der bekannte Eibsee aufstaute. Bis zum See war die Bahn von Garmisch aus ohne technische Schwierigkeiten anzulegen. Von da an aber mußten Windbrüche und Schuttmoränen überwunden und der Bahnkörper immer dichter an die drohenden Felswände herangeführt werden. Erst in 1650 Metern Höhe sollte die Bahn im Fels verschwinden. Die tausend Meter Höhenunterschied im Berg konnten beim System der Zahnradbahn verkehrstechnisch nur mittels sanfter Steigung bewältigt werden. Drei Jahre hätte allein der Tunnelbau gedauert – denn man konnte ihn eigentlich nur vom Tal aus in Angriff nehmen, weil an der Tunnelmündung auf dem Platt eine große Bausiedlung nahezu unmöglich eingerichtet werden konnte. Dabei lagen die beiden künftigen Tunelöffnungen nur zwei Kilometer voneinander entfernt, allerdings übereinander: die eine tief unten am Nordfuß des Massivs, die andere hoch oben auf der gegenüberliegenden Sonnenseite des hufeisenförmigen Grataufbaus.

In diesem Dilemma kam den Ingenieuren eine beispiellose Idee: Man würde den Tunnel im Berg in Serpentinen so hochführen, daß er an einigen Stellen wieder beinahe die Außenschicht des Felsmassivs berühren müsse. Von diesen Punkten aus würde man versuchen, ›Fensterstollen‹ in die Steilwände zu legen und den Bau des Tunnels von dort in Angriff zu nehmen. So könnten mehrere Teilstücke gleichzeitig gebaut werden. Wer einmal vom Riffelriß aus die zerklüfteten Wände der großen und kleinen Riffelspitze gesehen hat, der bewundert den Mut, mit dem man diese Steilhänge zur Baustelle machen wollte.

Der nächste wichtige und sehr heikle Schritt bestand

darin, exakte Vermessungs-Grundlagen für das ›blinde Aufeinanderzuarbeiten‹ im Fels zu schaffen. Die Vermessungsfachleute suchten verzweifelt nach brauchbaren, schon vermessenen Punkten. Man konnte ja nicht das ganze Gebirge vermessen, um den Verlauf des Tunnels festzulegen. Als die Photogrammetrie-GmbH in München im August 1928 den Auftrag der Tunnelvermessung erhielt, gab es keine genügend genauen geodätischen Unterlagen dieses Steilwandgebietes; Winkel- und Höhenmessungen erschienen illusorisch. Bei dem außerordentlichen Tempo, das die Planung vorschrieb, kam nur ›eine‹ Methode in Frage, um rechtzeitig die Geländepläne für die Ingenieure herzubringen: Nach einem im Ersten Weltkrieg entwickelten System wurde das ganze Gelände mit stereometrischen Photoaufnahmen abgetastet und ein ›Stereophotogrammetrischer‹ Plan erstellt. Selbst in dem außergewöhnlich harten Winter 1928/29 hingen die Geometer zwischen 2000 und 3000 Metern Höhe an den Felswänden und Gipfelzacken, oft bei mehr als 30 Grad Kälte und legten die Punkte für den Tunnelbau fest. »Die Anforderungen an Beobachter und Material wie Instrumente erreichten oftmals die Grenze des überhaupt Möglichen«, heißt es nüchtern im amtlichen Bericht über die Arbeiten. Hier wurde eine Pioniertat vollbracht; und später betrugen die Abweichungen bei den kilometerlangen, ›blinden‹ Bohrungen im Fels mit unterschiedlicher Steigung und trotz schwieriger Schlaufen nicht mehr als durchschnittlich vier bis sechs Zentimeter in jeder Richtung!

Einige ältere gottesfürchtige Einwohner von Garmisch oder Partenkirchen schüttelten damals mißbilligend den Kopf, als die Ingenieure einen solchen Großangriff am Berg starteten. Es schien manchem frevelhaft, was da unternommen werden sollte. War doch hier geplant, den Berg regelrecht in ›Fesseln‹ zu legen; und in den Steilwänden, die noch kaum je eines Menschen Fuß betreten hatte, sollten nicht nur Baustellen, sondern sogar Arbeiterunterkünfte entstehen. Eine gigantische Baumaschinerie kam ins Rollen: Es war vorgesehen, die geplante Bauzeit von vierdreiviertel Jahren auf zwei zu verkürzen. Konnte das gutgehen – oder würden die Berggeister sich rächen?

Das Problem der Vermessung war noch klein gewesen im Vergleich zu dem nun folgenden: Wie sollte man überhaupt an die Felswände der künftigen Baustelle herankommen? Die Riffelwände sind selbst für geübte Bergsteiger schwieriges Gelände, und mitten in diesen Wänden mußten drei ›Siedlungen‹ mit einer ganzen Reihe von Einzelstollen und Kavernen-Bauten angelegt werden. Zunächst mußten alle Baumaterialien mit Maultieren vom Eibsee bis zum Fuß der Felswände, auf 1650 Meter, heraufgebracht werden. Eine Gruppe ausgezeichneter Bergsteiger war nötig, die zugleich auch die ersten Arbeiten an den Felswänden der künftigen Baustellen vornehmen konnte. Vor allem das künftige ›Fenster IV‹ unter dem Gipfel der Großen Riffelwandspitze in 2400 Metern Höhe erwies sich als großes bergsteigerisches Problem, denn hier fällt die Wand fast senkrecht ab. Das Bayerische Schneekar erstreckt sich von dort steil 400 Meter tief abwärts: eine schaurige Landschaft von glatten Felswänden und Feldern ewigen Schnees. Nur die Morgen- und die Abendsonne leuchten im Sommer in diese zerrissenen Kalkwüsten hinein und werfen

Ein kühnes Bahnprojekt: Der Plan verdeutlicht die großartige Leistung, die beim Bau der Zugspitz-Zahnradbahn 1928 erbracht wurde. Mitten durch das Felsmassiv der Nordflanke windet sich der 4,5 Kilometer lange Tunnel in teilweise engen Kurven hinauf zum Schneefernerhaus (rechts oben). Durch die sogenannten ›Fenster‹ wurde der Stollenbau von außen her betrieben und eine Reihe von Hilfsseilbahnen transportierte Menschen und Material hinauf in die unwegsamen Felsregionen. Die Tunnelbohrungen waren genau berechnet und die Teilstücke trafen mit geringfügigen Abweichungen exakt zusammen. Eine vermessungstechnische Meisterleistung!

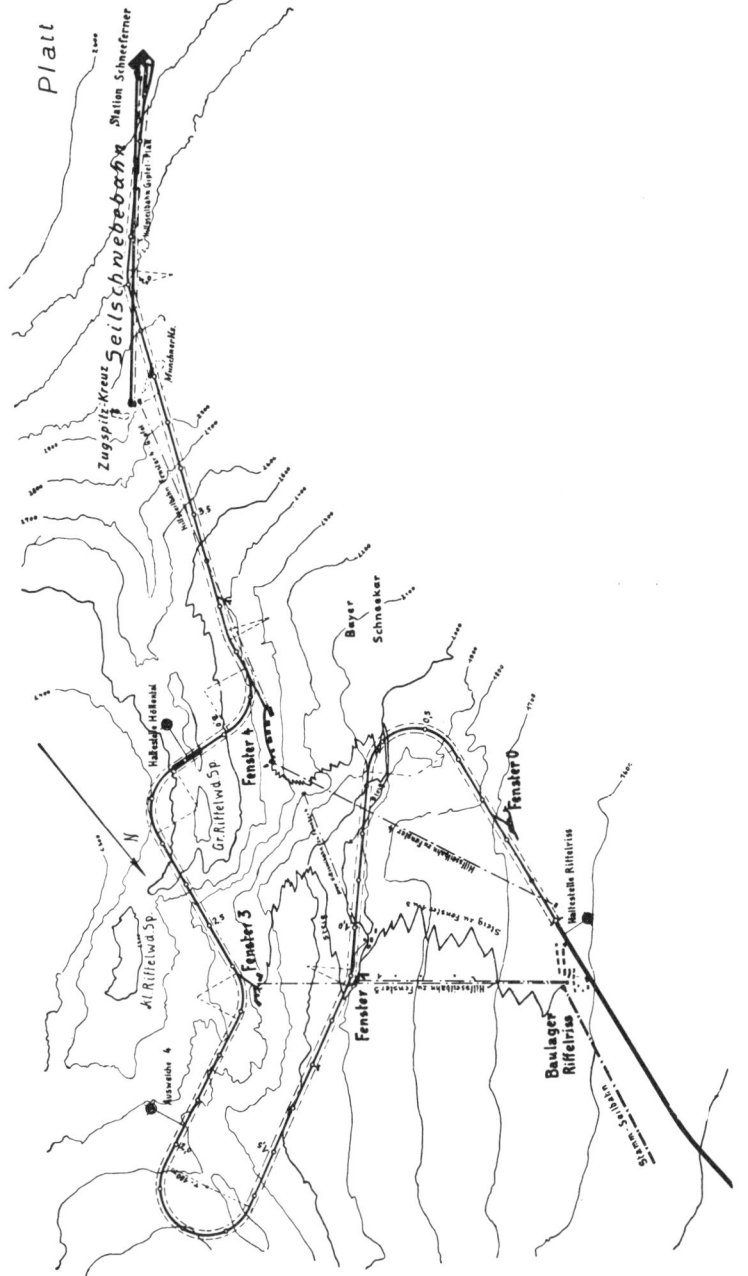

mächtige Schatten. Ständig sind die wenigen schmalen Jäger- und Gamssteige vom Steinschlag bedroht, der plötzlich und unberechenbar aus den Wänden abbricht und gegen den es fast keinen Schutz gibt.

Auf diesen Steigen begann die einmalige Leistung, ohne die das Unternehmen Zugspitzbahn nie möglich gewesen wäre. Die Steige mußten zunächst gesichert werden. Anschließend schleppten Kolonnen, bestehend aus erfahrenen Bergsteigern der Nachbarorte, schwere Traglasten hinauf. So entstanden ganz kleine Kavernen im Fels, mühsam herausgehauen, bis die ersten Seile gespannt werden konnten und Hebel oder Rollen die Arbeit erleichterten. Sofort begann man mit der Arbeit am Stein – Tempo war die Devise, denn wenn bis zum Wintereinbruch die Männer nicht schon im Schutz des Felsens im Stollen arbeiten konnten, würde ein Jahr verlorengehen.

Wetterkenner prophezeiten einen harten Winter, und das Ziehen der Hilfsseilbahnen ging nur mühsam voran unter so schwierigen Bedingungen. Überall mußte gleichzeitig gearbeitet werden. Es herrschte schon tiefer Winter, als endlich der Stahldraht der Hilfsseilbahn die ersten Materialien zum ›Fenster I‹ befördern konnte. Mitten in der unbarmherzigen Kälteperiode des eisigen Winters, während um den Berg Schnee- und Eisstürme peitschten, wurde die zweite Hilfsbahn eingeweiht, die nun schon in eine Höhe von 2200 Metern, zum ›Fenster III‹ führte.

Die Jahreswende 1928/29 wird so manchem Beteiligten in Erinnerung geblieben sein, vor allem denjenigen, die zu Silvester in einer Höhe von fast 2000 Metern aus der kleinen Felskaverne, dem ›Fenster I‹ hinunterschauten auf das hellerleuchtete Eibsee-Hotel und das bunte Treiben beobachteten. Noch wurde getanzt – auch wenn manche zu dieser Zeit bereits ein verdächtiges Knistern im Gebälk von Wirtschaft und Politik spürten.

In jener Silvesternacht hielt Kardinal Michael von Faulhaber im Münchner Frauendom eine Friedenspredigt, forderte für künftige Kriege Menschlichkeit, wenn schon das Grauenvolle eines solchen »nationalen Unglücks« nicht vermeidbar sein würde. Die geschmacklosen Schlachtenbilder sollten aus den Wohnungen verschwinden. Die Mahnungen des Kardinals wurden auch in Deutschlands höchster Siedlung empfangen: bei den Arbeitern der Baukantine des neuen kleinen Arbeiter- und Barackendorfes zwischen den letzten Krüppelkiefern am Riffelriß in 1650 Metern Höhe. Dort, wo schon die Tunnelmündung in der verschneiten Felsflanke sichtbar wurde und tagtäglich die Sprengungen dröhnten, kam weiterhin vom Eibsee herauf ohne Unterlaß Nachschub an Menschen und Material über den schwankenden Draht der Hilfsseilbahn Nummer eins.

Das Jahr 1929 hatte eben begonnen und würde den größten Teil des Baues der Bayerischen Zugspitzbahn begleiten.

Erinnern wir uns der Schlagzeilen jener Zeit: Reparationslasten für 1929 um 312 Millionen erhöht; Defizit im Reichshaushalt 850 Millionen; 350 Millionen müssen durch Steuererhöhung gedeckt werden – die Arbeitslosenziffer springt in einem Monat von 1,7 auf über zwei Millionen. Wien frohlockt über »Anschlußrede« des christlich-sozialen Abgeordneten Dr. Drexel im österreichischen Nationalrat – »stürmischer Beifall aller Parteien«. Bayern baut zehn Prozent aller Beamten über 62 ab, um jährlich eine Million an Staatsausgaben zu sparen. Max Valier führt auf dem Flugplatz Schleißheim bei München seinen ersten Raketenschlitten vor, mit dem er hundert Stundenkilometer erreichen soll. Trotzki verläßt die Sowjetunion. Deutsch-Nationale beantragen im Reichstag Einführung der Arbeitsdienstpflicht. Deutsche Kriegsschuld wird von alliierter Seite mit 48, nach anderer Darstellung mit 72 Milliarden Mark angegeben. Schweizer Bergbahnen melden Rekordeinnahmen. Der deutsche Professor Hermann Oberth veröffentlicht einen Aufsatz »Mit dem Raumschiff auf einen fremden Weltkörper« (gemeint ist die Flüssigkeitsrakete). Das Luftschiff Graf Zeppelin kreuzt über Jerusalem. »Reparations-Wahnsinn« – »Versklavung Deutschlands«. Severing spricht gegen Diktatur und Kommunismus. Der Amerikaflug des Luftschiffs ›LZ 127‹ hat begonnen. Der Riesenschnelldampfer ›Bremen‹ kehrt als schnellstes Schiff der Welt aus Amerika zurück. Haager Konferenz: Außenminister Gustav Stresemann verhandelt über Dawes- und Young-Plan. Fritz von Opel fliegt zehn Kilometer weit beim ersten Raketenflug der Geschichte. Goldmacher ›Tausend‹ macht unter Polizeiaufsicht aus 1,67 Gramm Blei ›Gold‹ in Stecknadelkopf-Größe. Der Sklarek-Skandal erschüttert Berlin.

Das war das Jahr 1929 in gedanklicher Rückschau, das Jahr der Zugspitzbahn trotz drohender Wirtschaftskrise.

Im Jahr 1929 gab es aber auch einen Winter, wie er sich nur einmal in hundert Jahren ereignet und zuletzt 1821 erlebt wurde. Im Januar mußten alle Arbeiten an der Außenbaustelle der Zugspitzbahn zeitweilig unterbrochen werden. Schneestürme tobten, das Wasser fror in den Maschinen ein – und am Riffelriß herrschte seit Weihnachten gedrückte Stimmung, denn für die Arbeiter bedeutete Feiern: nichts verdienen. In den Krankenhäusern lagen bereits die ersten Verunglückten des Bahnbaues. Sie machten deutlich, mit welch hohem Einsatz an diesem unerbittlichen Berg gespielt wurde. Ein Hut wurde in der Kantine herumgereicht: Man sammelte für die Verletzten.

Es war so kalt in diesem Winter des Jahres 1928/29, daß die Hirsche im Tal zu den Häusern kamen, ja daß Wasservögel auf dem Walchensee mit den Füßen festfroren, so unglaublich schnell schloß sich die Eisdecke. Tagelang hörte man die armen Vögel schreien. In der Jachenau erschien täglich ein Sechs-Ender. Der Hirsch fraß und schlief bei den Pferden im Stall. Um sich vor der Kälte zu schützen, hatte er seine natürliche Scheu überwunden.

Indes pfiff der Sturm um die Drahtseile der Hilfs-Schwebebahnen, die den Berg mehr und mehr in ›Fesseln‹ legten. Über eine Länge von fast drei Kilometern führte vom Eibsee aus die große Transportschwebebahn – sie allein wäre schon eine beachtliche Bergbahn gewesen – hinauf zum Riffelriß, der Nachschub-Basis. Von dort aus bildeten die Hilfs-Bahnen zu den kleinen Fenster-Kavernen I, III und IV in den Steilwänden die Verbindungsglieder. Wie Schwalbennester klebten in 2000 bis 2400 Metern Höhe kleine Unterstände am Fels, die allmählich zu Baustellen für je 40 Mann erweitert wurden. Nichts verband sie mit der Welt außer das Drahtseil, an dem eine rohe Bretterkiste hing, die Ablösung, Essen oder neue Bohrer brachte, die in der Schmiede am Riffelriß gefertigt wurden. 400 Mann lebten bereits am Riffelriß in Wohnbaracken, zwischen Büro- und Lagerräumen oder Maschinenschuppen.

Eine willkommene Abwechslung in der eisigen Höhe war das Beobachten eines merkwürdigen Wettrennens auf dem Eibsee zwischen dem Automobilrennfahrer Hans Stuck mit seinem Austro-Daimler und Ernst Udet mit seinem Flugzeug ›Flamingo‹. Und die Männer oben in der Felseinöde fieberten mit, als der ›lange Hans‹ das Handicap-Rennen mit einer halben Runde Vorsprung gewann. Je mehr es dem Frühjahr zuging, desto gewaltiger wurde das Dröhnen der Sprengungen und der Bohrer. Wie schmarotzende Insekten fraßen sich die Menschen mit ihren Maschinen immer tiefer durch die ›Fenster‹ in den Berg. Von jeder möglichen Angriffsstelle aus rückte der Bau täglich sechs bis sieben Meter weiter gegen den Stein vor.

Mit dem Erwachen der Natur formierte sich vom Tal aus ein neuer Großangriff: Die Verbindungsstrecken von Gar-

misch zum Eibsee und vom Eibsee zum Riffelriß wurden
begonnen. Allein für den Streckenbau zum Eibsee waren
1000 Arbeiter im Einsatz; in den stillen Bergwäldern fielen
riesige Fichten und gaben krachend den Weg frei für den
Bahnkörper, der sich unaufhaltsam vom Tal in Richtung
Anhöhen vorarbeitete. Es gab schwierige Grundstücksver-
handlungen. Einer Entscheidung des Reichsgerichts zufolge handelte es sich hier nicht um eine ›Luxus-Bahn‹,
sondern um ein in verschiedener Hinsicht gemeinnütziges
Unternehmen. Dieser Entscheidung waren einige Zwangs-
enteignungen vorausgegangen. Sie hatten den Planern fast
mehr Kopfzerbrechen bereitet als die Technik. Jeder Tag
war kostbar, nachdem fünf Millionen Aktienkapital zu
rollen begonnen hatten und weitere Summen durch Kre-
dite oder Obligationen beschafft werden mußten. Die vielen tausend Besucher des Oberammergauer Passionsspieles
1930 mußten eine fertige Bayerische Zugspitzbahn vorfin-
den. »Männer macht Meter!« – dieser altbekannte Mineur-
und Hauerspruch wurde zur Devise beim Tunnelbau, der
in Tag- und Nachtschichten ununterbrochen vorwärtsge-
trieben wurde.

Der 12. August 1929 war ein Schicksalstag für die Bahn:
Man stand vor dem Tunneldurchbruch zwischen Fenster III
und IV, einer Strecke, die eine große Krümmungsschleife
macht und damit ein Prüfstein für die Berechnungen war.
Nie haben die Ingenieure diesen Tag vergessen: Als sich
der Pulverdampf der Sprengung verzogen hatte, zeigte
sich, daß alles aufs Haar stimmte: nur neun, sieben und
vierzehn Zentimeter betrugen die Abweichungen nach den
drei Richtungen. »Das könnte auch bei einer normalen,
offenen Strecke niemand besser machen«, sagten die Kenner. Bereits 1400 Meter Tunnel waren nun begehbar, und
das in über 2000 Metern Höhe.

»Bis jetzt 25 Tote beim Zugspitzbahn-Bau . . .«, brachte

ein Münchner Sonntagsblatt in Großaufmachung, gerade als man den ersten Stollendurchbruch im Tunnel geschafft hatte. »Die Arbeiter rechnen mit einer gewissen Resignation, daß diese Zahl bis zur Vollendung auf etwa hundert anwachsen wird.« Nicht die technischen Schwierigkeiten waren das Hauptproblem, sondern eine angeblich zu lasche Handhabung der bergpolizeilichen Vorschriften und der Vorwurf einer allzu leichtsinnigen Verwaltung des Sprengstoffes. Die Bahn- und Baufirmen drohten sofort mit Verleumdungsklage. Einige Wochen zuvor hatte die sozialdemokratische Fraktion im Bayerischen Landtag eine Anfrage an die Regierung gestellt, ob zum Schutz der Arbeiter alle erforderlichen Sicherungsmaßnahmen getroffen worden seien und wer dafür verantwortlich zeichnen würde. Das Handelsministerium antwortete unter anderem: ». . . an den Gefahrenstellen sind Warnungstafeln aufgestellt. Eine Anzahl Schutzstationen gewährt den beim Bau beschäftigten Leuten gegen Steinschlag weitgehend Unterschlupfmöglichkeit. Die Wege zu den Fenstern haben an den gefährlichen Stellen Drahtseilsicherungen. Schutzgeländer sind in genügendem Ausmaß vorhanden.« Kontrollen wurden von mehreren Instituten gleichzeitig durchgeführt. »Wenn sich trotzdem in den letzten Monaten einige bedauerliche Unfälle, denen mehrere Menschenleben zum Opfer fielen, ereigneten, so liegt die Schuld nicht in der Handhabung der Baubetriebe, sondern in erster Linie in der Gefährlichkeit der Baustellen überhaupt. Wesentlich für die Verhütung von Unfällen erscheint die ausschließliche Verwendung von berggewandten Arbeitern . . .«

Fünf Menschen waren bis dahin dem Bahnbau zum Opfer gefallen. Bei einigen handelte es sich um Arbeitsunfälle, wie sie sich auch tagtäglich am Bau ereignen können: beispielsweise bei dem 23jährigen Arbeiter Benno Mayerhofer aus Traunstein. Ihm zerschmetterte ein abspringendes Rad einer Winde Knie und Arm. Am ›Fenster IV‹ stand an einem Maimorgen der 25jährige Arbeiter August Schmuck und fegte den Boden der schmal in den Felsen gesprengten Baracke. Er war auf Wanderschaft gewesen und hatte hier erst vor acht Tagen Arbeit gefunden. Der herrliche Anblick der Bergwelt, »Herrgott ist das schön«, verführte ihn zum Leichtsinn. Er beugte sich trotz Verbotes zu weit über den Abgrund und stürzte mehrere hundert Meter weit hinunter. Sein zerschmetterter Körper blieb auf den Riffen am Fuße des Schneekars liegen. Von den Kameraden, die seine Leiche bargen, kam einer in einem plötzlich herabdonnernden Steinschlag um. Im Juni stürzte durch Explosion an einem Sprengloch ein Teil des Tunnels ein und begrub sechs Männer unter den Trümmern.

Nicht nur die Toten des Baues gaben zu denken, auch der ›Verschleiß‹ an Arbeitern war groß in diesen Höhen. Die Menschen konnten weniger leisten – selbst die Maschinen, beispielsweise die Kompressoren, schafften nur ein Drittel ihrer Kapazität. Arbeitslose gab es damals genügend in Deutschland, aber wer konnte schon die dünne Höhenluft und die starken und häufigen Temperaturschwankungen auf Dauer aushalten? Die Betriebsleitung mußte sich den Vorwurf gefallen lassen, daß sie italienische Arbeitskräfte beschäftigte statt deutscher Arbeitsloser. »Unerfreulich ist, daß sich zum Schaden der einheimischen Technikerschaft ein starker Einschlag außerbayerischer Kräfte bemerkbar macht«, erklärt in einem Münchner Blatt der Bund der technischen Angestellten und Beamten. »Deutsche werden entlassen und Südländer können weiterarbeiten.« Die Bauaufsicht der AEG wäre vollständig in Händen von Tiroler Ingenieuren, – »und das in einer Zeit, in der in Deutschland selbst große Arbeitslosigkeit herrscht«. Aber man brauchte nun einmal zu dieser Arbeit am Berg berggewohnte und schwindelfreie Menschen.

Die Hölle schien los zu sein in diesem Sommer 1929 an den Nordwänden des Zugspitzmassivs. Bis in den Mai hinein donnerten Schneelawinen zu Tal, später folgten ungeheure Massen von Geröll und Stein – 160 000 Kubikmeter Fels mußten gesprengt und bewegt werden. 197 800 Kilogramm Dynamit hat man insgesamt benötigt, bis die Strecke fertig war. Eine mörderische Baustelle: das Dröhnen der Presslufthämmer, das ewige Poltern der Schüttelrutschen, auf denen das ausgebrochene Gestein durch die Fenster in den Abgrund befördert wurde, die Hitze an den sommerheißen Felswänden der Kavernen – und nachts die eisige Kälte. Wenige hundert Meter höher fiel Neuschnee, selbst im Hochsommer. Elmsfeuer leuchteten über den Baracken, der Kalkstaub setzte sich in den Lungen der Bauarbeiter fest, Wasser war Mangelware und bei acht Stunden Arbeit und 16 Stunden Pause war trotz Radio und Grammophon das Leben in diesem 2400 Meter hohen Felsennest äußerst hart. Viele kamen nicht wieder herauf, wenn sie nach längerem ›Fensterdienst‹ einmal im Tal gewesen waren. Sie waren ›bergmüde‹. Die Arbeit hatte ihre Kräfte aufgezehrt.

Zeitweise waren bis zu 2500 Mann beim Bau der Bayerischen Zugspitzbahn im Einsatz – die Devise, »Männer macht Meter« trieb sie vorwärts; 700 Arbeitstage mit je 24 Stunden würde dieser Tunnel noch kosten. Schon ging man dem zweiten Bauwinter entgegen. Die Teilstrecke Garmisch–Eibsee stand vor der Eröffnung und vier Kilometer des insgesamt 4,5 Kilometer langen, künftigen Tunnels waren bereits durchgebrochen worden. Es fehlten nur noch 300 Meter bis zur oberen Mündung des Schachtes am Platt. In der Siedlung am ›Fenster IV‹ wohnten 45 Arbeiter. Ihre Kavernen waren nahezu freischwebend nebeneinander in den Felsen gesprengt worden. Am östlichen Ende der ›Steilwand-Siedlung‹ lag die Bergstation der Materialseilbahn. Am westlichen Ende wollte man die Talstation einer noch verwegeneren Hilfsbahn errichten, die über 600 Höhenmeter direkt zum Gipfel hochführen sollte. Von dort aus plante man die neue Trasse auf der anderen Seite des Gipfelgrates 300 Meter abwärts direkt zum Schneeferner-Hotel, das am Tunnelausgang gebaut werden sollte.

Diese letzten beiden Teilstücke der Hilfsbahn wurden später zur endgültigen Gipfelbahn, weil man festgestellt hatte, daß der Felsaufbau zu brüchig für einen Tunnelbau bis ganz oben hin war.

Gerade als man mit dem Ausbau der Station für den letzten Gipfelangriff beginnen wollte, ereignete sich das schwerste Unglück im Verlauf des ganzen Unternehmens, eine schreckliche Sensation, die um die ganze Welt ging: *DER GROSSE TUNNELBRAND VOM 5. DEZEMBER 1929!*

An diesem Tag um 12 Uhr mittags arbeitete der Mineur Max Zillner aus Kochel mit seiner Schicht 1200 Meter vom ›Fenster IV‹ entfernt im Stollen am letzten Tunnelabschnitt, der schon ziemlich weit in Richtung Zugspitzgipfel durchgebrochen war. Da ging wieder einmal das Licht aus. Man dachte sich nicht viel dabei. Ein Mann, der wegen Nachschub an Sprengmunition zurückgeschickt werden mußte, konnte es ja melden; inzwischen würden die Karbidlampen mit ihren kleinen Flämmchen genügen. Doch der Mann kam nicht wieder. Man schickte einen zweiten, dem kam keuchend ein anderer entgegen: »Es brennt! Lauft!« Schon

Deutschlands höchste Sonnenterrasse lockt an sonnigen Tagen zahlreiche Besucher, die die Höhenluft und die Aussicht genießen und die faszinierenden Wolkenspiele beobachten können. Im Vordergrund die Aussichtsplattform der Seilbahn, anschließend das ›Münchner Haus‹ mit seiner Sonnenterrasse. Vorne links funkelt das Solardach der Bundespoststelle in der Sonne.

Die beiden Zugspitzgletscher schicken ihre Schmelzwasser Hunderte von Metern tief über enge Felswände als Sturzbäche durch die Höllental- und die Partnachklamm ins Tal. Während der kalten Jahreszeit gefrieren diese Wassermassen teilweise. Dabei entstehen unwahrscheinlich bizarre Eisformationen, die man in der Partnachklamm (hier im Bild) bewundern kann. Sie ist auch im Winterhalbjahr für Besucher offen.

◄ Der Aufstieg durch die Höllentalklamm zur Zugspitze gehört zu den eindrucksvollsten Bergerlebnissen. Der örtlichen Alpenvereins-Sektion verdanken wir die Erschließung dieses Naturwunders in einem ungeheuer schwierigen und wagemutigen Unterfangen. Im Winter bleibt die Klamm wegen Eisbruch- und Steinschlaggefahr geschlossen. Jedes Frühjahr sind umfangreiche Reparaturarbeiten nötig.

drangen die Brandgase ein und die Zugluft versagte. Panik ergriff die Männer; sie mußten ja dem Brand entgegenlaufen, um tunnelabwärts das tieferliegende ›Fenster III‹ erreichen zu können. Das ›Fenster IV‹ brannte. Der Rauch wurde immer unerträglicher; es gab nur noch eine Möglichkeit: ein kleines Zwischenfenster an der Nordwand – es lag aber mitten in der Steilwand des Schneekars. Dennoch stiegen die Männer aus; sie fanden nur winzige Vorsprünge, auf denen sie sich über dem Abgrund halten konnten. Durchgeschwitzt und halb nackt mußten sie dort kauern. Da stürzte einer in die Tiefe. Sie sahen, wie weiter drüben, bei ›Fenster IV‹ ihre Station zu einem schwelenden Trümmerhaufen zusammenschmolz und die Flammen von der Seilbahnstation aus herüberzüngelten. Die Hitze wuchs, die Luftstöße nahmen zu; ausgerechnet in diesem Augenblick setzte ein Föhnsturm ein. Wild schreiend flatterten die aufgeschreckten Dohlen herum. Direkt neben den Männern barst mit ungeheurem Knall das durchgeglühte Seil der gerade erst fertiggestellten Gipfelseilbahn. Sie zischte an ihnen vorbei in die Tiefe. Der Rettungsweg war abgeschnitten. Die Nacht brach an; zwei Mann wollten sich verzweifelt in die Tiefe stürzen, um dem Elend ein Ende zu machen. Da faßten fünf andere den Entschluß, durch den Stollen, trotz der Brandgase, vorzudringen – und es gelang ihnen. Sie trafen auf die ersten Hilfstrupps mit Sauerstoffgeräten.

Inzwischen hatten die entsetzten Talbewohner vom Eibsee aus mit Fernrohren das grausig tragische Schauspiel

Höllental, Höllentalferner und Gipfel von Nordosten. Rechts unten beginnt der Aufstiegspfad, der mit einigen schwierigen Passagen aufwartet. Besonders an der Irmer Scharte (dunkler Schatten unterhalb des Gipfels) ereignen sich immer wieder schwere Unglücke.

beobachtet: Aus der Kantine bei ›Fenster IV‹ züngelten plötzlich Flammen; niemand wußte, warum. Die Kantine lag unglücklicherweise genau in der Mitte der langgestreckten Kavernensiedlung. Angefacht durch den Föhnsturm griffen die Flammen sofort nach links und rechts auf die anderen Holzbauten über. In den Wohnbaracken schliefen die Arbeiter der zweiten Schicht; bis sie begriffen, was los war, brannte ihnen fast der Boden unter den Füßen durch. Schon hatte das Büro Feuer gefangen; die Telefon-Verbindung zum Tal war abgerissen. In der Transformatoren-Station waren die dicken Kupferdrähte durchgeglüht. Und dann kam der fürchterlichste Augenblick: Der Transformator selbst zersprang durch die glühende Hitze und seine Ölmassen ergossen sich ins Feuer. Schwarzer Qualm hüllte jetzt die ganze Bergwand ein, während das glühende Gestänge der Seilbahn, auf der gerade Löscher und Rauchmasken auf dem Weg nach oben waren, samt dem Förderkasten in den Abgrund stürzte.

Nun war die Station völlig abgeschnitten, ja im Tunnelmund fingen schon die Rollbahn-Gleise zu glühen an und beißender Qualm machte jeden Fluchtversuch zum nächsttieferen Fenster unmöglich. Brennende Balken stürzten viele Meter in die Tiefe und zeichneten grausige Leuchtspuren an die Felswände. 18 Männer, die an der Seilbahn-Station gearbeitet hatten, mußten auf einen schmalen, verschneiten Felsvorsprung fliehen. Stundenlang harrten sie nahezu regungslos im Sturm aus und erst in der Nacht konnten sie über die glühenden Balken zurück. Aus einer Kaverne rettete der Ingenieur und Bauführer Ludwig Tausendpfund zusammen mit zwei Helfern vier Mann, die dort halb irrsinnig dem Flammentod entgegenzitterten. Der völlig erschöpfte Vermessungsbeamte Bauernfeind konnte mit letzter Kraft einen Abgestürzten am Seil aus dem Abgrund ziehen. Der 25jährige Arbeiter Johann Bail lag tot über einem Felsgrat im Schnee – er hatte seine Ersparnisse von 600 Mark aus der brennenden Schlafbaracke retten wollen und war dort am Rauch jämmerlich erstickt. Tausendpfund, der Bauführer, wurde das nächste Opfer. Viele hatte der tapfere Passauer gerettet; er war immer wieder in den Qualm gestürmt, um zu helfen.

Der gut ausgerüstete Hilfstrupp des Bergwerkes Penzberg, der über die Klettersteige heraufgekommen war und in den Tunnel eindrang, fand ihn zusammengebrochen an der Felswand. Blut quoll unter seiner Rauchmaske hervor: Die Rettung für ihn kam zu spät. Viele, die sich selbst retten konnten, waren an ihm vorbeigestürmt. Im dichten Qualm hatten sie ihn übersehen, den jung verheirateten Tausendpfund, der erst vor 14 Tagen Vater geworden war. Zwei Tage später löste sich weiter unten im Tunnel bei einem ›Gebirgsschlag‹ aus der brüchigen Decke eine riesige Geröllawine. Sie begrub den 29 Jahre alten Arbeiter Thomas Sedlmeier unter sich.

Abenteuerlich wurde dann die Bergung der Opfer über die in größter Hast wieder hergerichteten Hilfs-Seilbahnen. Die Einhaltung des Zeitplanes schien durch die Katastrophe schier aussichtslos geworden zu sein.

Die publizistischen Äußerungen bezüglich der Schuldfrage hielten sich in Grenzen und verstummten in dieser politischen Krisenzeit auch überraschend schnell: Keiner wollte das Projekt gefährden, das so vielen Menschen Arbeit bot.

Der Vortrieb im Stollen ging schon eine Woche nach dem Unglück weiter. Die Baracken und schwer beschädigten Maschinenanlagen wurden in fieberhafter Eile repariert. Weihnachten 1929 herrschte trostlose Stimmung, aber auch der feste Vorsatz, den Zeitverlust wieder aufzuholen.

Und tatsächlich vollbrachte man eine großartige Leistung. In der eisigen Nacht des 8. Februar 1930 wurde um 2.55 Uhr zum letzten Mal am Berg gesprengt. Mit 18 Sprengungen hatte man bis auf wenige Zentimeter genau den Tunneldurchbruch zum Platt und damit das Ziel erreicht. Ergriffen standen einige Journalisten im obersten Tunnelabschnitt und blickten hinaus in die schweigende, schneeglitzernde Welt der Alpengipfel. Für einen Augenblick ruhte das Getöse der Maschinen – eine Gedenkminute für den besiegten Berg?

Wenige Tage darauf begann der Bau des Schneefernerhauses in seiner ersten provisorischen Form. Von hier aus nahm schließlich der letzte Abschnitt dieses kühnen Unternehmens seinen Ausgang: Der Bau der Seil-Schwebebahn, die die restlichen 300 Meter hinauf zum Gipfel überwinden sollte.

Nach zwei Jahren und drei Monaten konnte die Bahn am 8. Juli 1930 durch Kardinal Michael von Faulhaber feierlich ihrer Bestimmung übergeben werden. Der 61jährige Münchner Geistliche gedachte in seiner Rede der Opfer des Bahnbaues und weihte die Bayerische Zugspitzbahn ein nach dem Motto »Ascendite« – »Steiget empor!« Damit war die Geschichte eines der kühnsten technischen Unternehmen der ersten Hälfte unseres Jahrhunderts in seinen wesentlichen Zügen beendet und eine Wunderwelt erschlossen.

Gipfel der Wetter-Wunder

»Deutsches Spitzbergen«

Die Welt ist voller Wunder – pflegen wir leichthin zu behaupten. Wir denken dabei an ferne Erdteile und Weltwunder und vergessen die Besonderheiten, die uns tagtäglich sozusagen vor unserer Haustüre begegnen. Wer etwa hätte geglaubt, daß es in Deutschland ein ›Spitzbergen‹ gibt. Ja die Zugspitze kann mit einer ganzen Reihe klimatischer ›Spezialitäten‹ aufwarten. Die vielen tausend Skifahrer, Bergsteiger und Gipfelbesucher, die diesen berühmten Berg zu kennen glauben, würden es nicht für möglich halten, daß es dort so trocken wie in der Wüste und kälter als in Grönland sein kann, ja daß sich hier jährlich dutzende von Gewittern entladen und dabei Energien freisetzen, die jenen der Atombomben vergleichbar sind. Ein Alpengipfel ist gleichsam ein Wetter-Zauberkünstler und die Zugspitze ist darin ein Meister. Wir wollen ihr ein wenig in die Karten schauen und die Geheimnisse des Wetters etwas zu lüften versuchen.

Seltsam und nicht weniger dramatisch als die Entstehungsgeschichte der Zugspitze ist auch ihr ›Leben‹ als Eckpfeiler der Nord-Alpen in der Atmosphäre. Klimatisch bildet sie eine eigentümliche Hochburg im ständigen Wechsel der wetterbildenden Luftschichten, ungeschützt den atlantischen Stürmen ausgeliefert. Seit 1900 werden auf der Zugspitze vom Meteorologischen Observatorium Messungen durchgeführt, die genaue Aufschlüsse geben können. Nur wenige Menschen haben die Zugspitze in ihrem Wetterzorn erlebt. Sie ist dann fürchterlich. Wer einen atlantischen Sturm oder ein schweres Gewitter auf dem zitternden Gipfelfelsen überstanden hat, wer die Stürme wie heulende Wesen durch das Höllental brausen hörte, wem das Elmsfeuer schon aus den Haarspitzen leuchtete, der wird diese Eindrücke nie vergessen. Ebenso wird er sich nach einem gewittrigen Tag der hauchzarten Wolkengebilde erinnern, die in paradiesischem Glanz und unendlichem Farbenwechsel über dem glitzernden Schneegipfel leuchten können bis die Nacht hereinbricht und ein ungewöhnlich strahlender Sternenhimmel heraufzieht.

Die Zugspitzmeteorologen, die das jahraus-jahrein in ihrem einsamen kleinen Turm erleben, wissen genau: Sie befinden sich auf diesem Gipfel nicht nur inmitten einer ›Wochenstube des Wetters‹, sondern sie leben auch auf einem der zauberhaftesten und interessantesten Punkte unserer Erde: Auf einem ›Spitzbergen‹ mitten in Europa.

Wie bereits erwähnt, ragt die Zugspitze fast tausend Meter ungeschützt aus ihrer Umgebung heraus in die wetterbildenden Schichten der Atmosphäre. Der Besucher freilich merkt davon wenig. Auf dem Schneefernerplatt, dem rundum abgeschirmten Gletscherkessel, spürt er kaum, daß das mächtige, viele Kilometer breite Massiv wie der Bug eines Schiffes ständig den von Westen anstürmenden Luftwellen trotzt. Wer die Wirkung des Windstoßes auf ein Segel kennt und weiß, daß der Sturm schon auf kleinen Flächen mit verheerender Wucht wüten kann, der vermag sich vorzustellen, was für Kräfte an diesem Berg auftreten. Um die Zugspitze und ihre Gipfelstation toben alljährlich mehrmals – vor allem im Winter – Orkane. Windstärken von 180 bis 220 Stundenkilometern sind keine Seltenheit. Selbst im Trichtersog eines Hurrikan liegen die Geschwindigkeiten nicht viel höher. Das Gipfelhaus der Zugspitze gerät dann trotz seiner schweren Vertäuung mit Stahltrossen ins Zittern; die Luft singt, johlt und vibriert; sie faucht um die Kanten der Gebäude – ein gespenstisches Konzert – und im Turmzimmer der Meteorologen wird durch den gewaltigen Sturm buchstäblich die Luft weggesogen. Kein Mensch könnte sich am Felsen halten in solchen Stunden. Über den Felsgraten stäuben Schneefahnen hoch – hunderte von Metern weit wird der weiße Staub durch die Luft gewirbelt.

Wer einen solchen Zugspitzsturm gar im wilden Höllental und obendrein bei Nacht erlebt, der kann das Fürchten lernen: Aus dem Gletscherkar herunter wirbelt der Sturm. An den riesigen Zacken des Gipfels zerreißen die gejagten Wolkenfetzen. Es heult in den Wänden der Schlucht; der Gletscherbach verstärkt sein polterndes Gurgeln; dazwischen gehen Steinlawinen ab. Wenn gar Föhnsturm herrscht, dann dröhnen die Donnerschläge mit den Lawinen um die Wette. Es scheint, als habe sich eine Sagenwelt mit tausend schrecklichen Gestalten aufgetan, als streife ein ›wilder Jäger‹ mit seiner heulenden Meute durch die Felsschluchten.

Der bisher schlimmste Orkan wütete auf der Zugspitze am 12. Juni 1985, der Geschwindigkeiten bis zu 335 Kilometern pro Stunde erreichte, das bedeutet Windstärke 36! Menschen kamen nicht zu Schaden. Die Wucht solcher Luftbewegungen um den ungeschützten Gebirgsstock läßt ein wenig die Gewalt der ›Strahlströme‹ erahnen, die in der hohen Atmosphäre mit ungleich größerer Vehemenz den Erdball umkreisen.

Führt ein Zugspitz-Orkan obendrein Schnee mit sich, dann ist er für Menschen im Freien besonders gefährlich. Selbst das ›kleine‹ Platt mit seiner Fläche von rund sieben Quadratkilometern könnte in kürzester Zeit zum Ver-

hängnis werden: Die daherpeitschenden Schneenadeln ließen keine Orientierung mehr zu, jeder Schritt im unheimlich rasch anwachsenden Schnee würde immer mühsamer
werden, bis schnell die Erschöpfung einträte. Nach solchen
Schneesturmangriffen und mehr noch nach kalten Nebel-
tagen mit Rauhreifbildung kann das Gipfelhaus schon einmal wie ein Märchenschloß aussehen, wenn sein Wald von
Blitzableitern und Haltetrossen meterlange, dicke, weiße
Rauhreif- und Eisblüten treibt, die wie glitzernde Geschmei-
de leuchten. Den Meteorologen sind sie freilich verhaßt,
denn sie erschweren nicht nur die Beobachtung, sondern
müssen auch oft gekappt werden, damit sie nicht mit ihrem
Gewicht die Verankerung des Hauses gefährden. Vorwie-
gend unter solch dramatischen Umständen fallen auf der
Zugspitze jährlich durchschnittlich neun Meter Schnee.
Die mittlere Höhe der Schneedecke schwankt zwischen
zwei und drei Metern; sie kann aber auch so hoch werden,
daß sie locker ein Einfamilienhaus mit zwei Stockwerken
unter sich begraben würde.

Ein kontrastreicher Wechsel durch die Jahreszeiten bestimmt das Leben auf Deutsch-›Spitzbergen‹. Diese Bezeichnung ist keine Erfindung von Journalisten, auch wenn
es die zahlreichen Skifahrer und Sonnenanbeter nicht glauben können. Sie dürfen alle behaupten: »Ich war auf Spitzbergen.« Denn auf Deutschlands höchstem Berg herrscht
bei einer Jahresdurchschnittstemperatur von minus fünf
Grad Celsius ein ähnliches Klima wie im südlichen Grönland. Genau genommen ist die Zugspitze sogar kälter. Im
Sommer findet man auf der ganzen Nordhälfte der Erdku-
gel keinen Platz, der ein so niedriges Temperaturmittel
hätte. Ein Beispiel: Der Durchschnittswert im kältesten
Monat Februar liegt bei minus 12,6 Grad, der im wärmsten
Monat August bei plus 1,8 Grad. Im Sommer ist es auf
Spitzbergen sogar vier Grad wärmer als auf der Zugspitze

– aber man kann auf unserem deutschen Berg auch bei minus 16 Grad und Sonnenschein hemdsärmelig im Freien sitzen. Das geht auf Grönland nicht.

An rund 230 Tagen im Jahr steigt das Thermometer auf der Zugspitze nicht über die Null-Grad-Grenze, an 310 Tagen gar herrscht Frost, 140 Tage davon bleibt die Quecksilbersäule unter minus 10 Grad. Der Zugspitz-Mai ist der Temperatur nach genauso winterlich wie ein Januar im Tal in Partenkirchen. Forschen wir ein wenig nach, woher das kommt! Die Zugspitze ragt um etwa 2200 Meter aus ihrem nördlichen Sockelgelände, auf dem Garmisch-Partenkirchen liegt, heraus. Dort unten mißt man ein Jahresmittel von plus 6,6 Grad, oben ein solches von minus 5,3 Grad. Die Differenz von 12 Grad entspricht dem Erfahrungswert, daß je hundert Meter Höhenzugewinn in Richtung Atmosphäre die Temperatur um 0,5 Grad sinkt.

Man muß sich vor Augen führen, daß ein Rückgang unserer heutigen Temperaturverhältnisse um 10 Grad bei weitem ausreichen würde, um auch in den Tälern ›Spitzbergen-Klima‹, das heißt Eiszeit, zu schaffen. Nur eine so geringfügige Änderung wäre notwendig, und unsere ganze Kultur wäre wie weggeblasen. Der Mensch würde zu einem Wesen, das alle seine Kräfte dem Kampf gegen die Kälte widmen müßte. Für derlei Veränderungen sind also nicht einmal Temperaturen von minus 70 Grad Kälte – wie man sie höchstens in Sibirien kennt – nötig. Andrerseits würde beispielsweise ein wesentlicher Rückgang der Bewölkung die Durchschnittstemperatur ganz erheblich in die Höhe treiben. Den Messungen zufolge erreicht der Sonnenschein auf der Zugspitze eine Intensität von 27 bis 47 Prozent der astronomisch möglichen Sonnenscheindauer.

Wer nun erwartet, daß die Zugspitze durch ihre exponierte Lage ähnlich tiefe Temperaturen wie Sibirien vorweisen kann, der hat sich gründlich getäuscht. Es kann sogar auf dem Gipfel im Winter manchmal beträchtlich wärmer sein als zu gleicher Zeit im Tal, beispielsweise dann, wenn das Tal im Nebel liegt, auf dem Gipfel aber die Sonne lacht. Das Temperaturmaximum auf der Zugspitze liegt bei etwa plus 17 Grad, der Tiefstpunkt – und das sehr selten – bei minus 36 Grad. Dieses Temperaturintervall von 53 Grad Unterschied ist ausgeglichener als im nördlichen Flachland, dessen Sommertemperaturen weitaus höher klettern. Wie erklärt es sich, daß das Thermometer der ›Kalten Zugspitze‹ nicht tiefer fällt? Die sibirischen Tiefsttemperaturen ergeben sich vor allem durch die Abkühlung der Luft über den riesigen Schneefeldern. Eine solche Abkühlung kann sich zum Beispiel auch im weiten Garmisch-Partenkirchener Talkessel – der manchmal zu einem richtigen ›Kaltluftsee‹ ohne Abfluß wird – bemerkbar machen. Es tritt eine Art Temperaturumkehr ein, ein Gegensatz zwischen den deutlich wärmeren Steilflächen des Zugspitzmassivs und den wesentlich kälteren Tälern.

Ein Beispiel: An einem wolkenlosen Wintermorgen kann die Zugspitze der wärmste Ort in ganz Süddeutschland sein, weil die erkalteten absinkenden Luftmassen andere Strömungen von den Hängen mit nach unten ziehen. Aus der Atmosphäre folgen noch nicht so stark abgekühlte Luftschichten nach, da sie keine Berührung mit großen Schneeflächen hatten. Genau umgekehrt verhält es sich im Sommer. Auch bei stärkster Sonneneinstrahlung bleibt die Luft auf der Zugspitze erheblich kühler als im Tal. Die durch Bodenrückstrahlung stark erwärmte Talluft steigt nach oben und bildet an den Hängen einen Aufwärtssog, der das Tal ›ventiliert‹. Der oben fast beständig wehende Wind und die bei zunehmender Höhe sinkende Temperatur sorgen für Abkühlung auf dem Gipfel.

»Alles fließt« – dieser Satz des griechischen Philosophen

Heraklit kann konkrete Bedeutung und Gültigkeit in den Lüften im Zugspitzbereich erlangen. Die Luftmassen dort stehen in fast dauerndem Kampf miteinander. Breite Talkessel wirken als stark ausstrahlende Heiz- und Kälteplatten für die Luft, die engen Talverbindungen als Saugdüsen, die Bergwände als Stauflächen und die Gipfelzonen ragen wie vorgeschobene Nasen in ein ständiges Strömen und Fließen, ein Steigen und Fallen der Luft. Als Besucher spürt man davon kaum etwas; nur gelegentlich kann man eigenartige, deutlich ausgeprägte Wolken- oder Schleierbildungen wahrnehmen. Ganz plötzlich haben manche Bergzacken Wolkenhüte aufgesetzt oder Dunstringe um sich gebildet; da sieht man messerscharf abgeschnittene Wolkenhauben, die sich glockenförmig über den Gipfel legen, ohne ihn zu berühren. Schließlich gibt es auch ›Hinderniswolken‹ in Luv und Lee der Alpen, große wie kleine. Man kann aber auch Wolken um die Zugspitze entdecken, die wasserfallartig ›abstürzen‹ und im Winter an den Steilwänden über dem Höllental, den Waxensteinen, beobachten, wie mit dieser Fallströmung riesige Staubfahnen von Neuschnee lawinengleich die Hänge mit hinuntergerissen werden.

Den größten Wolkenwasserfall kann man westlich vom Zugspitzgipfel sehen, wenn die Wolken, die über den Kessel des Schneeferner zogen, sich über das sogenannte Zugspitzeck wie Selbstmörder 2000 Meter tief ins Ehrwalder Tal stürzen. Zu den ergreifendsten Wolkengebilden aber gehören jene Gehänge, die sich aus einer der riesigen ›Glocken‹ einer massigen Wolkendecke über die Gipfel heruntergesenkt haben, als würden sie alles unter sich begraben wollen. Umgekehrt ragen auch vom Gipfel aus mächtige, viele Kilometer hohe Wolkentürme in unbekannte Höhen auf. Sie haben ein ungewohnt gespenstisches Aussehen; man erkennt ihre Basis nicht und kann sie für eine riesige seitliche Ausdehnung der Berge halten. Wen wundert es, daß Flieger gerade das Zugspitzgebiet als besonders heiklen Luftraum betrachten und ungern auf dem Platt landen.

Das Land um den Zugspitzgipfel hat aber noch eine Reihe weiterer atmosphärischer Eigenheiten und Erscheinungen zu bieten: Vor allem zwei davon sind für den Menschen von großer Bedeutung: der Föhn und die gewittrigen Spannungen.

An 50 bis 60 Tagen des Jahres herrscht im Zugspitzgebiet der berüchtigte Föhn, der manche Menschen in besonderem Maß zu schöpferischen Taten beflügelt, ungleich mehr anderen aber durch Müdigkeit, Nervenhochspannung, Herzanfälligkeit, Atembeschwerden oder Sauerstoffmangel schwer zu schaffen macht. Selbst Pflanzen beginnen bei Föhn zu welken; bei Tieren macht sich oft eine große Unruhe bemerkbar. Es ist erwiesen, daß in Krankenhäusern die Schwerkranken bei Föhn besonders gefährdet sind, und die Krankenschwestern im Garmisch-Partenkirchener Gebiet schon an der Häufigkeit der Klingelzeichen durch die Patienten erkennen, daß Föhn ist. Kein erfahrener Arzt operiert gern bei solcher Wetterlage. Auch die Zahl der Verkehrsunfälle steigt drastisch an. Sogar der Verkehrsrichter nimmt Rücksicht darauf, ob sich ein Unfall bei Föhn oder bei normalem Wetter ereignet hat, wenn er die Schuldfrage untersucht. Geschäftsleute verschieben schwerwiegende Verhandlungen, wenn Föhn herrscht. Seine Wärme läßt Heu besser trocknen und Trauben reifen, kann aber auch eine überraschende Schneeschmelze einleiten und, damit verbunden, schwere Lawinen auslösen, Brände entfachen oder einfach ganze Wälder umknicken lassen. Es gehen schon ganz außerordentlich starke Wirkungen von diesem unbeliebten Gesellen aus. Wie kommt der Föhn zustande?

Klimatisch erscheint das Mittelmeergebiet als riesiges atmosphärisches Becken. Wenn es nun überschwappt, bilden sich in der hohen Atmosphäre sogenannte Brandungswellen, die am Nordrand der Alpen den Föhn verursachen. Über den Zentralalpen führen die Wolken dabei unbeschreiblich schöne Schauspiele auf, die man von der Zugspitze aus gut beobachten kann. Die frühere Auffassung, daß der trockene, warme Föhn ein Ausläufer des Sciroccos vom Mittelmeer sei und damit seinen Ursprung in der Sahara habe, erschien gar nicht so abwegig. Man hat nachgewiesen, daß der Südwind Sahara-Sand bis auf den Zugspitzgipfel tragen kann. Immer wieder einmal wird von den Meteorologen eine deutliche Rot-Trübung der Luft über den Nordalpen festgestellt, die nur vom Sand aus der Sahara stammen kann, der in rund 3000 Metern Höhe über 2000 Kilometer weit vom Wind mitgeführt wurde. In den 87 Jahren genauer Beobachtung fiel auf dem Zugspitzplatt des öfteren ein Schnee, der eine deutliche und nicht von Algen herrührende sandig braunrote Färbung aufwies, ja sogar regelrecht Sand enthielt. Bei weniger starker Hochströmung fallen diese Zeugen schwerer Sandstürme schon über dem Mittelmeer ab.

Nicht selten aber trägt der Föhn aus dem mediterranen Gebiet sogar Pflanzensamen mit sich, zum Beispiel solche der ›Coronilla Emerus‹, einer Art großer Kronwicke. Man findet sie an den Abhängen des Kramer, weil dort der über den Zugspitzkamm herunterfallende Föhn aufprallt. Die Warmluft des Föhns stammt aber nicht aus der Sahara. Er tritt ja auch nicht verstärkt im Sommer, sondern viel häufiger im Frühjahr und Herbst auf.

Man muß sich die Entstehung des Föhns ungefähr so vorstellen: Durch den geringeren Luftdruck auf der Nordseite der Alpen ›schwappt‹ das Mittelmeer-Becken atmosphärisch über, bedingt durch den höheren Druck dort.

Die Luft, die einen Druckausgleich sucht, wird nun aus den zentralalpinen Gebieten nach Norden abgesaugt. Dadurch wird vom Mittelmeer Luft mit stärkerem Druck nachgeschoben, die schließlich am Alpenmassiv aufsteigt, sich dabei je 100 Meter Anstieg um ein Grad abkühlt, bis hin zur Bildung von Wolken, – die ›Föhnmauer‹, von der Zugspitze aus gut zu beobachten –, zu Regen und Schnee. Die bei dieser Kondensation frei werdende Wärme in den Wolken steigt weiter auf und läßt in einem phantastischen Formenspiel neue Wolkengebilde entstehen – ein Chaos von dramatischem Wechsel.

Da gibt es riesige ›Moazagotl‹-Wolken mit ausgefransten Rändern gen Süden und wirbelnde Wolkenrotoren mit wilden Auswüchsen von tausenderlei Formen und Farben, mit vielfältigen Schichten übereinander; pechschwarze Wolkenhaufen mit dazwischenfächelnden Cirrusschleiern – kurzum, viele Kilometer hoch über den Alpen ist ein Wolkenschauspiel im Gange, das an Dramatik nicht zu überbieten ist. Die Wolkengebilde treiben mit ungeahnter Geschwindigkeit nordwärts auf die Alpen zu – und erst dort ›stürzt‹ der Luftschwall dann tausende von Metern über die Massive talwärts. Dabei wird er eigentlich erst zum Föhn mit all seinen typischen Eigenschaften. Als berüchtigter Föhnsturm fällt er verderbenbringend in die Alpentäler ein. Durch das Herabstürzen wird die Luft unter Druck gesetzt; ihre Massen erwärmen sich gleichsam aus sich selbst – und zwar je 100 Meter Fall um ein Grad. Dabei nimmt auch die Feuchtigkeit stark ab. Der warme, trockene Föhnwind wird zum Auslöser von Tauwetter und Lawinen, denn es ist möglich, daß die Temperatur im Föhngebiet innerhalb weniger Tage um nicht weniger als 30 bis 35 Grad ansteigen kann. Die Fallwucht des Föhns ist außerordentlich groß. 1884 und wieder 1985 wurde am Waxenstein ein ganzer Wald wegrasiert und Garmisch verlor beim ersten

Mal fast alle Dächer. Im Februar 1925 drückte der Föhn in Windeseile die 70 (!) Zentimeter dicke Eisschicht des Eibsees glatt ein und im Thörlenwald über dem Eibsee wurden auf einen Schlag 30000 Kubikmeter Wald einfach umgeworfen.

Der Föhn vermag an einem Tag soviel Schnee zu verzehren, wie die Sonne in zwei Wochen nicht schafft. Vor allem aber begünstigt er Großbrände. Die waldreichen Gebiete des Zugspitzmassivs, die einer starken Austrocknung durch die Höhensonne ausgesetzt sind, sind besonders gefährdet.

Zu den Eigentümlichkeiten der Zugspitze gehören auch all die Erscheinungen, die durch besondere Verhältnisse des Luftdrucks bedingt werden. Der durchschnittliche Luftdruck auf dem Gipfel beträgt 530 Millimeter, das heißt er liegt rund 230 Millimeter unter dem von Partenkirchen. Der Luftdruck auf der Zugspitze ist außerdem viel größeren Schwankungen unterworfen. Auf dem Gipfel ist der Druck im Sommermonat August am höchsten, in Partenkirchen dagegen im Januar.

Die Wirkungen und Folgen dieser Höhenabsonderlichkeit sind weitreichender, als man im ersten Moment glaubt, weniger im Bezug auf das Klima, sondern in der Wirkung auf den Menschen. 530 Millimeter Luftdruck, das bedeutet, daß Wasser in dieser Höhe von fast 3000 Metern schon bei 78 Grad siedet, also bereits kocht, ehe es heiß ist – eine merkwürdige Vorstellung! Will man auf der Zugspitze Kaffee kochen, so gibt es ein Problem. Die ›Hitze‹ des Wassers reicht nicht aus, um einen aromatischen Kaffee zu brauen. Kartoffeln bräuchten mehr als zwei Stunden, um gar zu werden. Auch das Hartkochen von Eiern nähme bestimmt eine halbe Stunde in Anspruch. Doch es gibt eine Abhilfe: Man muß die Getränke und Speisen unter künstlichem Druck bereiten.

Menschen freilich kann man nicht unter künstlichen Druck setzen und so zeigt sich an ihnen die ganze Auswirkung des so geringen Luftdruckes. Schon der gesunde Mensch im Tal kann bei etwas empfindlicher Körperkonstellation die Druckschwankungen spüren, die hier aber nur 40 Millimeter betragen. Am Berg allerdings vollzieht sich der Übergang zu geringeren Druckverhältnissen relativ schnell. Der innere Überdruck, der dabei entsteht, kann von Ekel, Durst, Übelkeit, Erbrechen bis hin zu Atemnot, Herzklopfen, Erstickungsangst, Schwindel, Ohnmacht und unbezwingbarer Müdigkeit führen. In selteneren Fällen kommt es zu einer Blutung aus Lippen, Haut, Lungen, Darm oder Nieren. Der Druckunterschied wirkt sich auch auf die Gehirnsubstanz aus. Die verminderte Sauerstoffzufuhr pro Atemzug kann unter Umständen sehr nachteilige Folgen für den Organismus haben. Es sind im Grunde die selben Erscheinungen wie bei einem Taucher, der zu schnell hochkommt und dabei einen gefährlichen Überdruck in seinen Organen erzeugt. Wir brauchen uns deshalb nicht zu wundern, wenn der ›Verschleiß‹ an Personal bei den Gipfelbahnen und auch im 300 Meter tiefer liegenden höchsten Hotel Deutschlands höher ist, als unter normalen Bedingungen – Höhenzulagen haben hier sehr wohl ihre Berechtigung.

Andrerseits kann die Höhenluft erfolgreich gegen verschiedene Krankheiten angewandt werden. Jedermann, der im Zugspitzgebiet oder sonst in den Alpen in Höhen über 2000 Metern Klettertouren macht, sollte sorgfältig auf Anzeichen von Bergkrankheit bei sich achten und, wenn er sie feststellt, auf keinen Fall höher gehen: Wer bergkrank wird, bringt sich und andere in Lebensgefahr. Doch ist die Bergkrankheit in Höhen zwischen 2000 und 3000 Metern relativ selten. Ihr eigentliches Reich liegt bei 4000 Metern und höher. Dafür aber ist eine Leichtsinnskrankheit auf der

Zugspitze recht verbreitet: Der Sonnenbrand. Der Mensch unterschätzt allzu gern die Strahlkraft der ›Höhensonne‹, und so mancher, der sich tagelang in dieser Sonne hat braten lassen, machte anschließend dann die schmerzliche Erfahrung, als sich seine rote Haut abschälte. Die wenigsten Menschen wissen, daß die Sonneneinstrahlung beispielsweise im Schneefernerkessel – bedingt durch die Reflexionswirkung des Gletscherschnees – wie ein Sammelspiegel wirkt und sich um 100 Prozent gegenüber normaler Strahlung verstärken kann, die hier an sich schon um ein vielfaches höher ist als im Tal. Das hat auch der Amateurphotograph erfahren müssen, dessen Zugspitzbilder alle überbelichtet waren. Aber die ›überbelichtete‹ Haut reagiert leider viel sensibler als der verdorbene Film. Selbst im Nebel kann man sich unter Umständen auf der Zugspitze einen Sonnenbrand holen, wenn man das ›Brennglas‹ des Gletscherkessels unterschätzt hat.

Die Tatsache, daß man bei minus 16 Grad hemdsärmlig im Freien über dem Schneeferner-Gletscher vor dem Hotel sitzen kann, läßt manchen vergessen, daß er dort der Sonne schon gefährlich nahe ist, die auf ihn herunterbrennt. Die Durchlässigkeit der Luft ist 1000 Meter über dem Meeresspiegel im sichtbaren Spektralbereich um 30 bis 40 Prozent – vor allem im Winter! – stärker als auf Meereshöhe, in dem biologisch aber ungleich wichtigeren Ultraviolett-Bereich bereits um mehr als 100 Prozent intensiver; auch ohne die zusätzliche Spiegelwirkung der Schneeflächen.

Doch ist die Sonne eine vergleichsweise friedliche Herrscherin der Berge. Wehe, wenn die Zugspitze ›zornig‹ wird, dann springen die Funken. In jedem Sommer entladen sich etwa 50 bis 60 Gewitter über dem Massiv; manchmal kommen noch einige Wintergewitter hinzu, die es in den Zentralalpen nicht gibt. Das hängt damit zusammen, daß sich auch im Winter die Lufterwärmung am Alpenrand besser durchsetzen kann als in den vergletscherten Zentralmassiven. Die emporsteigende Warmluft führt zu Gewittertätigkeit. Zudem begünstigt im Sommer der starke Hangwind im Zugspitzgebiet, der die heißen Luftmassen nach oben befördert, die Bildung von Gewitterwolken. Die Zugspitze ist ein ausgesprochener ›Donnerer‹ unter den Alpengipfeln. Solche Entladungen – speziell im Hochsommer – gehören zu den Elementar-Ereignissen auf unserer Erde. Übrigens hat sich ein direkter Zusammenhang zwischen Sonnenflecken- und Gewittertätigkeit auf der Zugspitze nicht nachweisen lassen, das ergaben langjährige Beobachtungen.

Auf dem deutschen Fast-Dreitausender unterscheidet man zwischen ›Kleinen‹ und ›Großen‹ Gewittern. Das berühmte Elmsfeuer rechnet man zu den ›Kleinen‹. Vom Gipfel aus kann man es herrlich beobachten. Es passiert dabei nichts anderes als das Ausströmen von Elektrizität in Form von Glimm- oder Büschel-Entladungen. Elektroden sind hierbei die Erde und die Atmosphäre, beziehungsweise die Wolken, deren Erdnähe erst dieses Ausströmen ermöglicht. Allein schon ihre Höhe macht die Zugspitze ›anfällig‹ für Elmsfeuer; hinzu kommt die schon erwähnte Neigung zu gewittrigen Spannungen. Elmsfeuer bilden sich nicht nur bei gewittrigen Entladungen, sondern auch dann, wenn das Kraftfeld der Erde sehr stark wirkt, beispielsweise bei Niederschlägen. Das Zugspitz-Elmsfeuer kann sogar bei leichtem Schneefall hör- oder sichtbar werden. Hörbar? Am hellen Tag macht es sich meist durch ein Summen, Brausen oder Knistern bemerkbar: Das kommt durch die Büschelentladungen, die auch bei starkem Wind noch zu hören sind und je nach Intensität sogar am Tage als ›kalte‹ Blauflammen überall sichtbar werden. Besonders aber bei Nacht bietet das Elmsfeuer ein gespenstisches Schauspiel;

es hüpft auf den Felsspitzen, auf den Hüttenverstrebungen, den Blitzableitern. Ja es stehen einem buchstäblich ›die Haare zu Berge‹, denn das Elmsfeuer flackert wie ein Heiligenschein um den Kopf, die Haut prickelt, und in Extremfällen schlagen sogar aus den Fingern zentimeterlange Flämmchen.

Sind diese ›Kleinen‹ Gewitter eher unheimlich als gefährlich, so haben die ›Großen‹ eine ganz andere Kapazität an einem so exponierten Platz wie der Zugspitze. Meist beginnt es ganz harmlos: Aus den quellenden weißen Haufenwolken des Sommerhimmels lösen sich plötzlich Fetzen heraus; schwarze Wände bilden sich, aus denen kilometerhohe Wolkentürme drohend aufwachsen, mit gewaltigen Wasser-, Hagel- und Energiemengen geladen. Gern kündigen sich die Gewitterentladungen durch Elmsfeuer an. Wenn schließlich das Schauspiel über dem Gipfel losbricht und die Blitze um das Massiv flackern, dann glaubt man dem Weltuntergang nahe zu sein. Blitz und Donner sind eins; die Wand scheint rot zu glühen nach jedem Einschlag. Ja man hat sogar erlebt, daß der Blitz Felsen gespalten hat und ein deutlicher Geruch nach Schwefel in der Luft lag. Durch Blitzschlag war einmal ein armdickes Metallkabel durchgeschmolzen und hatte am Stein nur noch eine braune, verschmorte Stelle hinterlassen. Die Entladungen setzen Energien frei, die man mit der Gewalt von Bomben vergleichen könnte. Buchstäblich eine Armee von Blitzableitern muß das ›Münchner Haus‹ auf dem Zugspitzgipfel schützen, das nicht selten unter den Einschlägen erbebt. Beim Bau des Gipfelhauses hatte man damals nur ›eine‹ Möglichkeit, es gegen Blitzschlag zu sichern: Die Erdungskabel wurden entlang der Steilflanke über die Nordwand hinunter in das Wasser des 2000 Meter tiefer liegenden Eibsees gelenkt. Dort unten werden erst die fürchterlichen Gewalten der Blitze ausgelöscht.

Rege Gebirgsflora und Gebirgsfauna

Der Berg ›lebt‹

Der Mensch hat die Berge erst spät zu erobern verstanden, aber das Leben selbst ergriff schon zu Urzeiten Besitz von den Felsregionen – einschließlich der Gletscher. Daß die Wüste lebt, war für manchen eine neue Erkenntnis unserer Zeit, daß auch der Berg lebt, hat viele nicht minder überrascht.

Die kleinen zähen Lebenswunder der Hochregionen, die Pflanzen zwischen Geröll, die Moose, Flechten und felssprengenden Polstersiedlungen, der blühende Mohn am Gipfelgrat in 3000 Metern Höhe, die ›Lawinenahnung‹ der Gemsen, das Klettertalent der Steinböcke, das Murmeltier mit seinem ausgedehnten Winterschlaf und all die vielen anderen Phänomene wie Schneealgen und Gletscherfloh – das sind die Überraschungen, mit denen der alpine Berg aufzuwarten vermag; das ist gemeint, wenn man von seinem ›Leben‹ spricht. Auch einem Portrait der Zugspitze würden wesentliche Züge fehlen, ließe man ›ihre‹ Lebenswunder außer acht.

Es ist ein alter Trugschluß, zu glauben, in Schnee, Fels und Eis könne sich nichts Lebendiges erhalten. Das Leben erobert sich, auch wenn es andernorts klimatisch ein ungleich einfacheres Fortkommen hätte, in unbegreiflichem Eifer selbst die widrigsten Zonen. Pflanzliche Organismen jenseits der Waldgrenze im Gebirgsfels kann man sich noch vorstellen, daß es dort oben aber ›kreucht und fleucht‹ und sich Lebewesen entwickelt haben, die sich ihrer eisigen Umgebung derart anpaßten, daß sie anderswo elend zugrunde gehen würden – das gehört zu den Wundern der Natur.

Das Leben am Berg ist ungeheuer hart. Bereits in Höhenregionen um 1500 Meter muß man binnen weniger Stunden mit gewaltigen Temperaturschwankungen bis zu 30 Grad rechnen. Weiter oben bedeckt der Schnee den größten Teil des Jahres einen mineralienarmen Boden; da gibt es Höhenstürme, Hagelschläge und immer und immer wieder Schneefälle, die auf das Firneis drücken. Steinlawinen und Schuttströme begraben die gerade wieder neu sprießenden Pflanzen unter sich; eine unbarmherzige Sonne dörrt mit übermäßiger Kraft auch bei Kälte den Boden aus. Und dennoch keimt es immer von Neuem, gibt es Blütenstaub im Gletscherschnee – vielleicht nicht so vielfältig wie im fruchtbareren, klimatisch milderen Tal, aber mindestens ebenso hartnäckig. Wie nur schaffen es die Pflanzen, dort oben an den Flanken des Zugspitzmassivs zu gedeihen und gar, wie der weiße Alpenmohn oder der rote Steinbrech, bis fast zum Gipfelgrat vorzustoßen? Sie können tatsächlich in ›bayrisch Spitzbergen‹ überleben.

Sie haben sich gleichsam einen dichten Wuchs, ein ›dickes Fell‹ zugelegt, abwehrstarke Polster oder gemeinsame, spalierartige Siedlungen gebildet. Ist der Boden besonders spärlich, bohren sie ihre Wurzeln wie Pfähle tief in die Erde hinein – beispielsweise der Alpenmohn. Können Bäume keine hohen Stämme entwickeln, weil sie der Sturm brechen würde, so entfalten sie stattdessen ›Kriech-Wuchs‹ wie die Latschen, die sogenannten Legföhren. Sie sind für jeden Gebirgsbewohner das Symbol seiner Heimat. Ähnlich den Schlangen kriechen die Latschen mit ihren elastischen Verästelungen am Berghang entlang und entfalten die saftigen Büschel ihrer feinnadeligen Zweige. Andere Bergpflanzen versuchen sich mit ihren Wurzeln auf spärlichen Flächen zu verankern oder bilden ihre Blätter zu dicken Wasserspeichern aus und schützen sich mit ›dichtem Haarkleid‹ vor Austrocknung, Kälte und zu starker Sonneneinstrahlung. Die Natur hat ihre Gebirgspflanzen noch mit einer ganzen Reihe weiterer Tricks ausgestattet.

Die warmen Monate und Tage mit Sonnenschein sind rar auf der Zugspitze, deshalb hätten einjährige Pflanzen kaum eine Überlebenschance. Stattdessen sind die ›Berggewächse‹ ausdauernd geworden, das heißt, ihre Fortpflanzung, ihr Wachstum und ihre Regeneration ziehen sich über mehrere Jahre hin, denn sie müssen damit rechnen, vielleicht einmal ein ganzes Jahr lang keinen einzigen Sonnenstrahl zu erwischen, weil sie unter dem Schnee begraben bleiben. Doch sie sterben deshalb nicht, sie schlafen nur: Das Wachstum ruht und die Pflanze trocknet gleichsam ein – man denkt dabei an den Winterschlaf der Tiere. Durch dieses langsame Reifen sind allerdings auch die meisten Alpenblumen gefährdet und vom Aussterben bedroht. Ihr Hauptfeind ist der Mensch. Beispielsweise kann der berühmte stengellose Enzian schon durch das Abreißen einer Blüte vernichtet werden. Deswegen wurde den Bauern sogar auf ihren eigenen Almwiesen das Enzian-Pflücken verboten. Die Heumahd sowie der Almauftrieb der Kühe sollten erst erfolgen, wenn der Enzian bereits verblüht ist, da diese Pflanze pro Jahr nur eine einzige Blüte austreibt. Der bäuerliche Jahresablauf gefährdet deshalb den Fortpflanzungsrhythmus des Enzians nicht; die Bedrohung kommt von Städtern, Spekulanten und unverständigen Touristen.

Je rauher die Umwelt, desto härter und ausdauernder sind die Pflanzen und entwickeln immer neue Schutzmechanismen: Durch besonders intensive Farben ihrer Blüten versuchen sie beispielsweise, die wenigen Insekten der Hochregionen anzulocken. Auch besitzen die meisten Gebirgspflanzen besonders niedrige Stengel, die dem dauernden Wind besser standhalten. In manchen versteckten, einsamen Winkeln des Zugspitzmassivs findet man wunderschöne seltene Blumen wie den Türkenbund und Orchideen, zum Beispiel den Frauenschuh. Starker Duft und Honigreichtum gehören ebenfalls zu den existenzsichernden Maßnahmen des Wachstums am Berg. Der eigentümlich herb-süße Duft sommerlicher Bergwiesen oder Almböden unterhalb der Schneegrenze gehört zu den schönsten Erlebnissen der menschlichen Nase und das Auge genießt die tausendfältige Farbenpracht, die sich zum Ende des Sommers noch einmal zu vertiefen scheint und leuchtet, bevor die graue Zeit wieder anbricht.

Selbst fünf und sechs Meter Schneehöhe – in der Zugspitzregion keine Seltenheit, wie wir hörten –, sind also für das keimende Leben kein unüberwindliches Hindernis. Geradezu gewalttätig und listig können die hochalpinen Pflanzen werden, wenn es um ihre Existenz geht. Da sind die vielen bunten Saxifraga, die als ›Steinbrech‹ ihrem Namen alle Ehre machen: Sie dringen in alle Ritzen, sprengen selbst härtestes Gestein und lassen es zu pulvrigem Staub zerfallen. Das genügsame ›Täschelkraut‹ ist ein Geröllbewohner in ständig wanderndem Erdreich. Auch bei ganz geringem Humusgehalt und größter Beweglichkeit des Untergrunds findet es sicher und zäh seinen Weg. Die dicke Wurzel taucht wie ein Anker in den Hochgebirgs-Schutt der Kare und Geröllrinnen ein und treibt zwischen den Steinen nach allen Seiten ihre Blüten aus. Deckt der Schutt sie zu, bilden sich neue Triebe, die nach oben wuchern, bis sie wieder Luft haben. Diese Wurzeln und Ästchen halten den Druck eines Felsbrockens ohne weiteres aus. Das ›Täschelkraut‹ kann ganze Geröllflächen überwuchern. Die ›Silberwurz‹ treibt es in dieser Beziehung noch toller: Sie wächst sehr stark und windet sich gleichsam um große Geröllhalden, die aus den verwitterten Wänden abbrachen und die sie gar zu verfestigen vermag.

Andere Pflanzen, beispielsweise das Hornkraut, kriechen einfach über den alpinen Schutt, mag er auch noch so sehr nach unten schieben. Wieder andere verknüpfen ihr Wurzelwerk nach dem Motto ›Einigkeit macht stark‹ gegenseitig miteinander, um sich besser behaupten zu können. Auch gibt es Polstersiedlungen, die aus einer Wurzel zahllose Triebe bilden, so daß nach allen Seiten ein kleiner moosiger Urwald entsteht, der Feuchtigkeit speichert und den Wind abweist. So kann man einen Teppich bunter Blüten und vielerlei Ritzen- und Polsterblumen an den Berghängen entdecken, deren Farbenpracht überwältigend ist.

Einige wenige Pflanzentypen des Zugspitzgebietes wachsen besonders rasch; sie sind sozusagen die ›Managertypen‹ der Hochgebirgsflora, weil sie möglichst schnell ihre ›Existenz sichern‹ wollen. Gemeint sind diejenigen, die trotz der langen Schneezeiten nur ein Jahr alt werden: der dunkle Mauerpfeffer und der Schnee-Enzian. Schon im Herbst keimt der Same und tief unter dem Schnee fangen diese Pflanzen zu wachsen an. Sie müssen ein feines Gespür für die ersten Strahlen der Frühlingssonne haben. Kaum ist der Schnee geschmolzen, sind sie auch schon ›erwachsen‹, blühen sofort und reifen binnen kürzester Zeit, ehe sie die lange Schneenacht wieder zudeckt. Die alpine Weide – ein Busch, kein Baum – bildet das andere Extrem, was Zählebigkeit, Ausdauer und bedächtige Lebensführung anbelangt. Sie kann mehr als 50 Jahre alt werden.

Auch den ›König der Alpen‹, die ›Blaue Blume‹ der Bergwelt, das Edelweiß, findet man noch in der Zugspitzregion. Manche der einheimischen Bergführer kennen die halsbrecherischen Pfade zu den verborgenen Plätzen, an denen es in Fülle wächst mit seinen märchenhaften, geheimnisvollen von silbrigem Flaum bedeckten Blütensternen. Die alten Bergsteiger geben das Geheimnis der Edelweiß-Standplätze nicht preis, doch liest man immer wieder einmal die Schlagzeile in der Zeitung: »Beim Edelweiß-Pflücken abgestürzt!« Das Edelweiß ebenso wie die großen Glocken des stengellosen blauen Enzian gehören zu den von der Ausrottung am meisten bedrohten Pflanzenarten und gleichzeitig zu den schönsten Eigentümlichkeiten des Zugspitzgebietes.

Eine ganz merkwürdige Lebensform hat sich weiter unten im Reintal und Höllental erhalten. Hier erleichtert schon eine größere Schicht Humuserde das Wachstum der Pflanzen, die sich gegen Klima-Versager rückversichern. Der ›lebend gebärende Knöterich‹ beispielsweise formt seine Blüten zu ährenförmigen Walzen, die nach oben hin Blüten, nach unten aber Knollen ausbilden. Sie ähneln Früchten, sind aber in Wirklichkeit aus Blattknospen hervorgegangen. Diese Knollen fallen schon bei leichter Berührung ab und keimen dann im Boden zu neuen Pflanzen aus. Zudem können sich in den Blüten echte Samen für eine normale Fortpflanzung entwickeln. Ist das Sommerwetter ungünstig und können die Blüten ihre Aufgabe nicht erfüllen, dann bedient sich der Knöterich seiner ›Lebensversicherung‹, der Knollen. Ähnlich verhält sich das ›Alpenrispen-Gras‹, das ebenfalls zwei Erscheinungsformen ausgeprägt hat. Einerseits treibt es kleine Grasknospen und Zweige, andrerseits produziert es Samen. Die Knospen lösen sich leicht ab und können in der Erde sofort Wurzeln schlagen. Das ist die Fortpflanzungsart der schlechten Jahre; in den guten läßt das Gras seine Samen auskeimen.

Unter der bunten Vielfalt der Arten hochalpiner Pflanzen sei abschließend noch ein besonders interessanter Vertreter näher beschrieben: die Silberwurz, deren gefiederte Früchte der Wind in alle Richtungen zerstreut. Die Wurz hat bereits in der Eiszeit im eisfreien Mitteldeutschland gelebt; man fand ihre versteinerten Blätter aus uralter Zeit. Sie ist einer der großen ›Wanderer‹ der Pflanzenwelt. Auch manche Moosarten und Farne, die ihre Polster oder Fächer in den feuchten Felsrinnen über den Sturzbächen entfalten, sind ihrer Art nach viel älter als der Fels, auf dem sie leben!

Eine andere Besonderheit des Zugspitzgebietes ist der Schachen, ein Vorberg des Wettersteinmassivs – bekannt durch das gleichnamige, prunkvolle Jagdschlößchen König Ludwigs II. In 1900 Meter Höhe bieten hier mergel- und tonhaltige Schichten den idealen Wachstumsgrund für so seltene Baumarten wie die Zirbel (Arve) oder die Grünerle. In diesem Gebiet ist einer der hervorragendsten Alpenpflanzgärten angelegt worden, in dem fast alle Arten der alpinen und asiatischen Hochgebirgsflora zu finden sind.

Wo kommen die Zugspitzpflanzen her? Es gibt unter ihnen rein ›alpigene‹, die in den Alpen entstanden sind. Andere Gruppen aber kommen ebenso in der Arktis vor oder sind Abarten dort wachsender Gattungen. Den größten Anteil aber – zumindest der Schuttbewachsung – stellen südmitteleuropäische Gesellschaften; andere wiederum gehören Formkreisen aus dem Himalaja oder ostasiatischen Gebirgen an. Die Vorfahren von Zirbe und Edelweiß sind wahrscheinlich erst in den Eiszeiten zu den Alpen vorgestoßen, während eine Enzianart (Gentiana purpurea) im Laufe der Eiszeiten nach Norden gelangte und sich dort rund um das Polargebiet ausgebreitet hat. Die ›Ericaceen‹ hingegen haben ihren Entwicklungsursprung in Afrika, und die Steinbrecharten (Saxifraga) kommen aus Asien. Noch immer geht – freilich nur in gewaltigen Zeiträumen – die Wandlung der Arten weiter: Aufspaltungen und klimatische Anpassung, oder Ausbildung von Schutzmaßnahmen für die Existenz. Von den einstigen, vor Jahrtausenden existierenden Formenvielfalten sind manche dem Kampf ums Dasein zum Opfer gefallen – wie in der Tierwelt auch. Was sich bis heute erhalten hat, gehört zu den Naturwundern.

Leider gibt es den Alpensteinbock im Zugspitzgebiet nicht mehr. Er hat in den Zentralalpen schon gelebt, als das Mammut noch durch die voreiszeitlichen Wälder und Sümpfe stampfte. Die Römer kannten den Steinbock als ›Hochgebirgs-Stier‹ (in Wirklichkeit gehört er der Gattung Ziege an). Sein prachtvolles Gehörn hängt noch in so mancher Jägerstube im Loisachtal, aber das stolzeste Tier der Alpen ist schon längst in die Reservate und Zoos zurückgedrängt worden und vom Aussterben bedroht.

Einem anderen ›königlichen‹ Tier der Berge, dem Steinadler, ergeht es kaum besser. Man sieht ihn wohl gelegentlich um das Zugspitzmassiv seine Kreise ziehen, aber er horstet nur noch selten dort oben, eher in der stilleren benachbarten Mieminger Gruppe oder auf der Sonnenspitze über Ehrwald. Versuche, den Steinadler auf der bayerischen Seite wieder einzubürgern, hatten bisher anscheinend wenig Erfolg.

Vielleicht wird es der ›Gams‹, die heute noch im Zugspitzbereich in größerer Zahl mit gesundem Bestand vertreten ist, in nicht allzu ferner Zeit ebenso ergehen. Die gefährliche ›Gamsräude‹ hat in manchen Jahren auch im bayerischen Alpengürtel viele Tiere vernichtet. Der Mensch drängt die scheuen Gemsen, die früher bis in die Täler kamen, um den Gefahren des Hochwinters zu entgehen, immer weiter zurück. Während man das Rotwild an den Menschen gewöhnen und in harten Wintern zu speziellen Futterstellen locken konnte, bleibt die ›Gams‹ nach wie vor fast ganz sich selbst und ihren Abwehrkräften überlassen.

Sie ist vielfach trotz großer Not zu ängstlich, um sich an eine vom Menschen berührte Nahrung zu wagen und so weit in die Tiefe zu steigen, wie es die Futterplätze nötig machen würden. Nur in äußerster Bedrängnis nehmen Gemsen künstliche Nahrung an. Sie gehören zur Gattung der Antilopen und gelten als besonders ›flüchtig‹. Wenn die Wanderer und Kletterer im Zugspitzgebiet häufig die Felsregionen erklimmen, kann man immer wieder erleben, daß die Gamsrudel den Eindringling ziemlich dicht herankommen lassen, sich aber mit unglaublichem Instinkt ihre Routen im Fels und ihre Rückzugswege jederzeit offenhalten. Das Tier wurde fast zur Kultfigur, nicht nur, weil es sich schwer erjagen läßt und sein Gehörn, die ›Krikeln‹, zu den begehrtesten Trophäen gehört, sondern weil es ein Symbol der Wachsamkeit ist. Die Gemse soll angeblich nur in sprungbereiter Fluchtlage rasten. Daß sie allerdings Eier legt – wie es manche Ansichtskarten zeigen – ist Ulk. Auch der berühmte und begehrte ›Gamsbart‹ als stolzer Hutschmuck bayerischer Tracht ist keineswegs der ›Gesichtsschmuck‹ der Gams, sondern lediglich ein Büschel ihrer Widerristhaare, die zur Brunftzeit besonders lang sind.

Auf den Hochalmen des Zugspitzgebietes sowie mit den großen Standfernrohren vom Schneefernerhaus aus kann man die Gemsen in ihrem ureigensten Lebensbereich ausgezeichnet beobachten. Sie bieten ganz überraschende Merkmale einer jahrtausendelang gereiften Anpassung an die Hochgebirgswelt. Aufgrund der ihr nachgesagten ›scharfen Sinne‹ schafft es die Gams, mit fast untrüglicher Sicherheit vorauszuahnen, wann Lawinen kommen werden. Es gibt wohl nur eine stichhaltige Erklärung dafür: Die Tiere haben im Laufe der Entwicklung ein enorm feines Empfinden bekommen für alle Veränderungen in der Atmosphäre, insbesondere für Druckschwankungen, die eine

Änderung der Wetterlage und damit meist Gefahr mit sich bringen. Und das Hochgebirgswetter unterliegt großen Druckschwankungen; darin dürfte die ›Lawinenahnung‹ begründet sein. Die Tiere bringen sich, das ist erwiesen, einen Tag vor lawinengünstiger, stürmischer und schneereicher Witterung in Sicherheit. Sie verlassen – wie man es im Zugspitzgebiet immer wieder beobachten kann – an solchen Tagen alle Rinnen, bei denen auch der Mensch mit Lawinenabgängen rechnen würde. Sie flüchten lange vor einem Sturm unter Felsüberhänge, um weder vom Steinschlag noch von Lawinen erreicht zu werden.

Die Gemsen spüren – und das ist weniger leicht zu begründen – auch einen frühen Wintereinbruch und starke Schneefälle, die ihnen gefährlich werden könnten. Sie haben sich ihre Heimat, den Berg, genauestens erwandert, haben ihre festen Standplätze, Wechsel und Äsungsgebiete, die meist weiter talwärts liegen. Viel Neuschnee würde die Tiere, wenn er sie oben überrascht (über 2000 Meter kann in wenigen Stunden mehr als ein Meter Schnee fallen), unweigerlich von ihren Futterplätzen abschneiden. Noch seltsamer ist freilich die verbürgte Tatsache, daß Gemsen auch kurzfristig Lawinenabgänge ahnen. Aus dem Gebiet im oberen Reintal ist ein Fall bekannt, wo ein Gamsrudel mit 25 Tieren plötzlich aufgeregt, ohne auf eine Gruppe von Wanderern zu achten, dicht an ihnen vorbei auf eine Route sprang, die Gemsen sonst nie begehen würden. Eine halbe Stunde später kamen aus der Fluchtrichtung mehrere schwere Lawinen herunter, die die Tiere verschüttet hätten.

Aber der Gemse wird auch nachgesagt, daß sie gelegentlich ihren Schabernack mit Menschen treibe. Beispielsweise lasse ein Leittier solange Steine auf einen Kletterer herniederprasseln, bis dieser sich zurückziehe. Die Tiere sollen Bergsteiger auch aus dem Hinterhalt beobachten und sich durch ihr merkwürdiges Pfeifen über die Menschen unterhalten. Alte Junggesellen, die sich vom Rudel abgesondert haben, können sehr eigenwillig werden und manchmal sogar mit Menschen Kontakt suchen.

Es erscheint uns unbegreiflich, wie sich die Gemsen an den spitzen, scharfen Felskanten, auf den zerklüfteten verwitterten Türmen und Steilwänden des Wetterstein- und Zugspitzmassivs halten können und dabei noch Turnkunststücke vorführen, die sogar dem geübten Bergkletterer ein Kopfschütteln entlocken. Eine Gams kann mehr als einen Zentner schwer werden – dennoch stehen die Tiere oft mühelos an senkrechten Wänden auf winzigen Vorsprüngen (genau wie der Steinbock), bewegen sich auf abschüssigen Platten und schmalen Felsbändern mit einer Neigung, bei der jedes andere Tier unweigerlich abstürzen würde. Das Geheimnis liegt in der Konstruktion der Hufe, beziehungsweise ›Klauen‹. Der Gamshuf ist der beste ›Kletterschuh‹ der Welt. Die Hornumrandungen der zwei Klauen ähneln der äußeren festen Nagelkette des einstigen Bergschuhs. Das weiche Polster des inneren Hufes bildet, wie beim modernen weichen Kletterschuh, die eigentliche Sohle und vermag auch auf abschüssigstem, glattestem Fels wunderbar zu haften, während sich der äußere Hornreif unter Belastung fest auf den Stein pressen kann. Diese Doppelsicherung wird zusätzlich dadurch verstärkt, daß die beiden Klauenteile gegeneinander beweglich sind. Nimmt die Gams ihre besonders geliebte Bergstellung hangabwärts ein, so werden zusätzlich die Afterklauen der Läufe über dem Huf als Stützen verwendet. Das Tier hat also insgesamt acht Flächen- und acht Punkt-Stützen, die alle gleichzeitig in Aktion treten können.

Ein zweifellos ebenso interessanter Bewohner der Felsen-Randregionen ist das Murmeltier, das im Zugspitzmassiv – trotz Massentourismus – noch sehr häufig anzutreffen ist, vor allem am Platt und speziell an den Südhängen. Dort, auf der ›Tillfußalm‹, hat einst Ludwig Ganghofer selbst Murmeltiere ›nachgepflanzt‹ und sich an ihrem Pfeifen erfreut. Diese possierlichen Lebewesen, auch ›Alpenbärli‹ genannt, gehören zur Gattung der Eichhörnchen. Man könnte sie als Großgrundbesitzer der Berge bezeichnen. Ihre Sommerwohnungen haben sie mit langen Gängen und unzähligen Fluchtlöchern in den braunerdigen Juraschichten angelegt. Im Herbst ziehen sie sich allmählich in ihre tiefer liegenden Winterhöhlen zurück. Vorher aber ›ernten‹ sie noch, indem sie das sommerliche Gras getrocknet in ihre unterirdischen Gänge bringen, um sich dort auf ein gemütliches Höhlenleben einzurichten, das beinahe zwei Drittel des Jahres dauert. Immer seltener knabbern sie im Bau an ihrem Heu. Nach dem ersten Frost hören sie allmählich mit dem Fressen auf, trinken nur noch, erledigen letzte Geschäfte, schließen ihre Wohnungen und geben sich alsdann einem monatelangen Schlaf hin.

Es ist eine Art Kühlschlaf – den der Mensch und seine Medizin in jüngster Zeit als ›Heilschlaf‹ entdeckt haben. Die Blutwärme beim Murmeltier sinkt dabei auf die Luftwärme der Umgebung ab, auf etwa 10 bis 11 Grad; der Pulsschlag zählt ungefähr 15 flache Atemzüge pro Minute; der Körperumsatz geht auf ein Minimum zurück; es wird vom Fett gezehrt. Mager, aber gesund kommt das Murmeltier dann im Frühjahr aus dem Bau: Ein eindrucksvoller Beweis dafür, wie weit Anpassung an den Lebensraum gehen kann. Auch soll das Murmeltier sein berühmtes Pfeifen nicht nur zur Warnung benutzen, sondern damit auch Wetterveränderungen ankündigen.

Eine Sache aber hat das Murmeltier nahe an den Rand der Ausrottung gebracht: Sein ›Murmelfett‹ galt den Alpenbewohnern – und tut es weitgehend heute noch – als probates Hausmittel gegen rheumatische Erkrankungen, vor allem gegen Ischias. Will man die ›Murmelan‹, wie sie bei den Einheimischen heißen, gut beobachten können, muß man die Spazierwege auf die Tillfußalm, Hämmermoos- und Rotmoosalm benützen. Sie liegen auf der Südseite des Zugspitzmassivs und sind vom Tiroler Leutasch aus leicht erreichbar.

Der Gipfel ist heute außer dem lustigen Alpenmauerläufer fast ausschließlich den Bergdohlen vorbehalten, die mit dem Menschen eng vertraut und für Futter stets dankbar sind. Diese Rabenart, von den Menschen auch ›Dachl‹ genannt, kann bis zu 65 Zentimetern Flügelspannweite erreichen und besitzt einen kräftigen, gebogenen Schnabel. Ihre Gefiederoberseite ist fast pechschwarz, die Unterseite schiefer- oder schwarz-grau. Bergdohlen sind außerordentliche Flugkünstler, die auch bei starken Stürmen noch wahre Kunstflug-Manöver vollführen. Außerdem gelten sie als besonders intelligent und sollen lebenslang treue Ehepartner sein. Die mythische und kultische Bedeutung, die den Raben seit Urzeiten umfängt, hat auch auf die Bergdohlen abgefärbt: Sie gelten vielen Bergfreunden als eine Art ›heiliger‹ Symbolvogel der Alpengipfel.

In den unteren Regionen des Zugspitzgebietes findet man Schneehuhn, Schneehase und Schneefink, am Rande der Waldregion Kolkraben und nur noch vereinzelt den Uhu. Wieder ein ›Stockwerk‹ tiefer, in den urtümlichen Bergwäldern, trifft man Rotwild, seltener den Auerhahn

Das Edelweiß, eine der schönsten Alpenblumen, ist im Zuspitzgebiet nur noch an versteckten, schwer zugänglichen und streng geheim gehaltenen Plätzen zu finden. Es gehört zu den geschützten Arten, ist aber dennoch vom Aussterben bedroht.

Dagegen trifft man die Silberdistel noch recht häufig auf Almwiesen, ja bis hinauf in die Felsregionen. Auch sie darf nicht gepflückt werden. Ihr geöffneter Strahlenkranz ist ein Zeichen für schönes Wetter, die geschlossene Blüte weist auf baldigen Wetterumschwung hin.

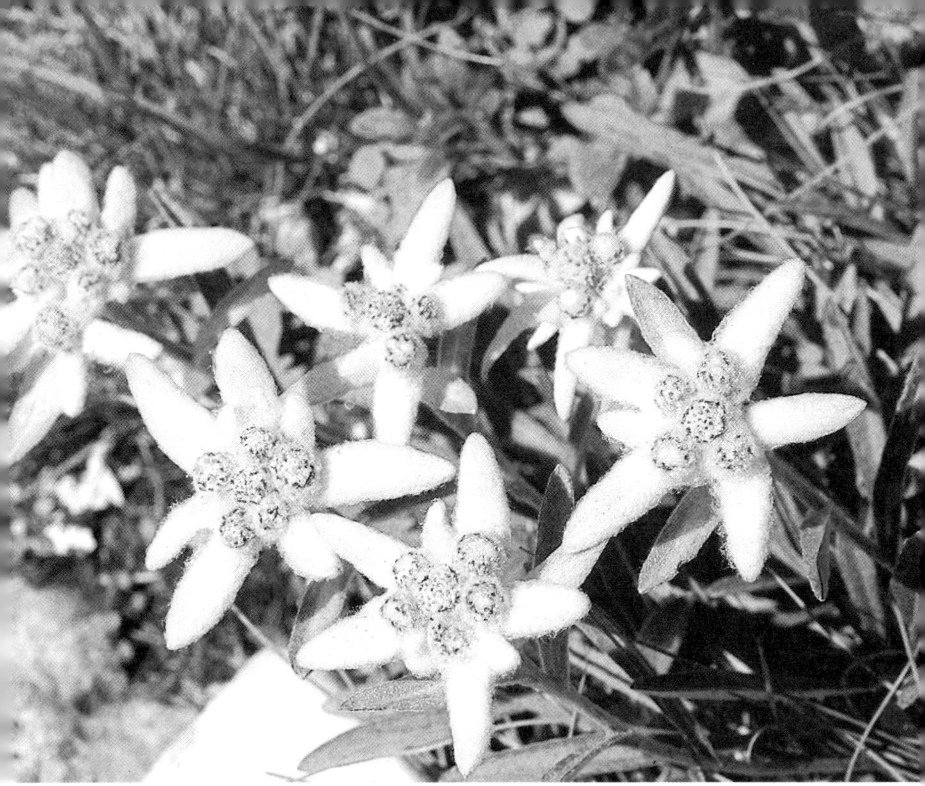

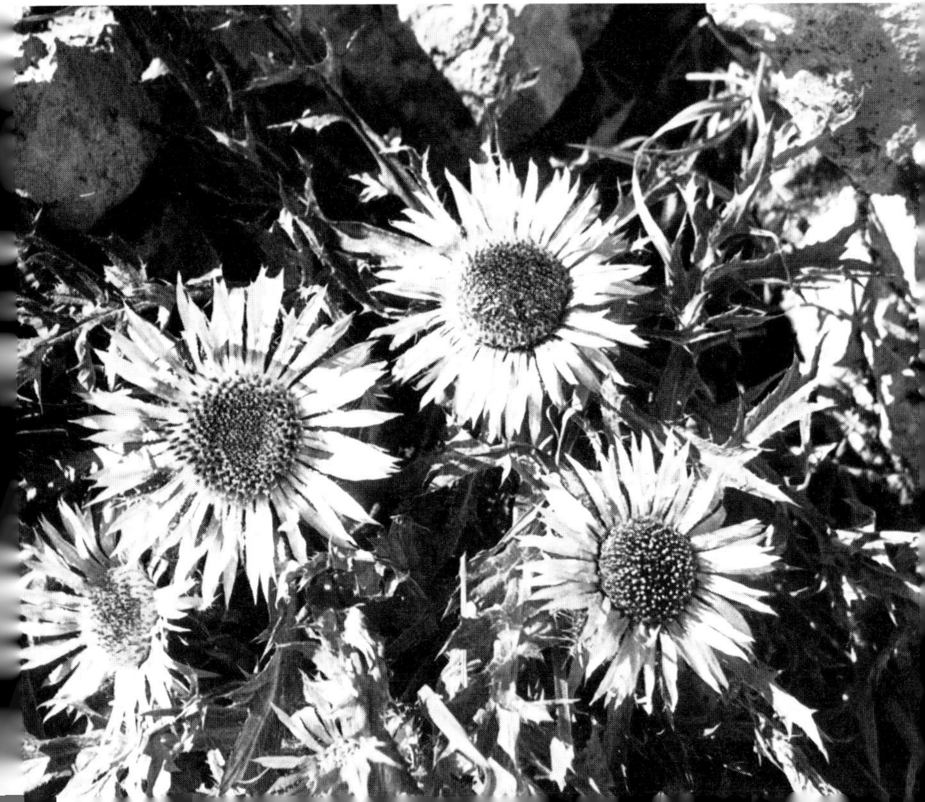

Die Alpendohle trifft man meist in den Hochgebirgsregionen. Der Zugspitzgipfel ohne diese schwarzen Vögel ist kaum denkbar. Sie haben ihre natürliche Scheu vor dem Menschen teilweise abgelegt, wenn es um Brotkrumen geht. Die Hauptstärke der Dohle liegt im Flug. Sie ist hierin wahrhaft ein Künstler und beherrscht das Gleiten und sich Treiben lassen im Wind wie im Sturm ganz ausgezeichnet.

Extrem angepaßt an ein Leben in den Schnee- und Felsregionen ist die Gemse, eine Antilopenart. Dieser ›Kletterkünstler‹ besitzt elastische Polster an der Unterseite der beiden Fußklauen, die eine besonders gute Haftung, auch an abschüssigstem Stein, ermöglichen. Auch der Spürsinn der Gemse bei Gefahren im Hochgebirge ist besonders ausgeprägt, vor allem die ›Lawinenahnung‹.

und den Spielhahn. Ihr Revier kann auch bis in Höhen von 2000 Metern hinaufreichen, soweit sich eben Wald erstreckt. Die schönen Schwanzfedern des Spielhahnes, der sogenannte ›Stoß‹, sind ein beliebter Hutschmuck der jungen Burschen im Gebirge, wobei die Stellung der Feder am Hut den Mädchen zeigen soll, ob der junge Mann »a Schneid hot«.

Und was ›krabbelt‹ am Gletscher, auf dem Schneeferner oder dem Höllentalferner? Da gibt es den Gletscherfloh, der zur Gattung der Springschwänze gezählt wird und kein ›Bergsteigerlatein‹ ist! Er wurde erst vor gut hundert Jahren entdeckt – zusammen mit der Bergsteigerei.

Der Gletscherfloh, der auch ohne Mensch seinen ›Zirkus‹ aufführt – im Skigebiet kann er nicht überleben – ist zwei Millimeter lang, schwarz, dicht behaart, hat kleine Augen und leicht gebogene Mundteile. Der Stolz des kleinen Burschen ist – außer seinen sechs Beinen – seine ›Springgabel‹. Er trägt sie als federnden Doppelschwanz unter dem Bauch, kann damit hochschnellen und einige Zoll weit springen. Bei minus elf Grad einzufrieren, macht ihm überhaupt nichts aus. Ernähren muß er sich von Blütenpollen und Schneealgen, die entweder am Gletscher selbst wachsen oder von den Felswänden heruntergespült werden. Der Floh kann manchmal ganze Gletscherstücke schwarz färben, wenn er in Millionenschwärmen auftritt. Er

Das Murmeltier oder ›Alpenbärli‹ erntet im Sommer das Heu der Almwiesen, stattet sich seine Behausung gemütlich aus, frißt im Herbst noch auf ›Vorrat‹ und verschläft schließlich den rauhen Winter der Alpenregion. Sein gellender Signalpfiff warnt weithin die Artgenossen vor Gefahr.

kann sich sogar rühmen, zu den Urinsekten zu gehören, wie die Schneealgen zu den Urpflanzen gerechnet werden. Das ist eine allerdings recht einseitige Schicksalsgemeinschaft, die schon über Jahrmillionen besteht.

Die Schneealgen sind überhaupt recht interessant. Im nassen Firn entdeckt man sie gelegentlich als zentimetertiefen, himbeerroten Fleck – manchmal auch grünlich, bräunlich oder gelb. Diese etwa 0,2 Millimeter großen, einzelligen, biologisch niedrig stehenden Algen gehören zum Seltsamsten, was am Berg vorkommt. Sie sterben schon bei plus vier Grad ab. Das bedeutet, daß sie die Ureinwohner des Eises sind, die ausschließlich auf Firn, Gletschereis und Schmelzwasser leben. Sie halten mindestens 36 Grad Kälte aus. Tiefer sank auf der Zugspitze die Quecksilbersäule noch nicht. Zwischen plus vier und minus 36 Grad führt die eigenartige Alge ein rätselhaftes Doppelleben: Ist der Firnschnee gefroren und zu Eis erstarrt, dann bildet sie die Form einer Kugel und ruht starr und völlig unbeweglich. Bei Schneeschmelze oder Sonnenschein werden die Algen plötzlich länger und rudern mit ihren zwei winzigen peitschenartigen Fühlern umher als sogenannte ›Schwärmsporen‹, von denen jeweils vier aus einer Mutterzelle entstanden sind. Erstarrt der Firn wieder, werden sogleich die Ruderpeitschen, da überflüssig, abgeworfen; die dickwandige Kugel formt sich wieder und bildet von Neuem vier Tochterzellen aus. Bei der nächsten Tageserwärmung rudert bereits die neue Generation. Die rote Farbe der Algen schützt ihre Innenorgane gegen die überstarke Höhenstrahlung. Die grüne Alge soll beispielsweise über ihrem Grün einen hauchdünnen Rotfilter tragen. Die ungeheure Vermehrung der vielen Schneealgen-Typen, die von Stäubchen leben, wird durch die Windverschleppung in mildere Luft gebremst und kommt obendrein dem Gletscherfloh zugute, der der Hauptfeind dieser Algen ist. Auch ein besonders unbarmherziger Geselle, das Bärtierchen, frißt sie liebend gern.

Mit seinem Ringleib und seinen panzerartigen Stummelbeinchen ist es ebenfalls ein sehr niederes Tier, aber immerhin ein Lebewesen. Es wird bis zu einem Millimeter groß und ist ein Rätselwesen schon aus dem Grund, weil es praktisch jeden Frost zu überstehen vermag. Den Tiefsttemperaturen trotzt es durch Starre, um dann bei Wärme unbeschädigt und höchst beweglich wieder aufzuwachen. Man hat solche Bärtierchen in flüssiger Luft bei etwa 190 Grad Kälte 20 Monate lang lebend erhalten können. Bei Zimmertemperatur wachten diese Ungeheuer wieder auf und stürzten sich freßlustig auf die Algen. Auch am Gletscher gilt also das uralte Gesetz von ›fressen und gefressen werden‹.

Die ›Gewöhnungs‹-Bewohner der Zugspitzgletscher sind ebenfalls sehr interessant. Der Gletscher-Weberknecht, eine Spinnenart, der Gletscher-Falter, sogar Mücken und Libellen – letztere wurden wohl unfreiwillig dorthin verweht –, sie alle versuchten, sich auf die Kälte einzustellen. Manche Arten lassen sich einfach gefrieren und erwachen durch Wärme wieder zum Leben. Kein echter Gletscher-Bewohner war allerdings jener legendäre Zugspitz-Fuchs, der in den fünfziger Jahren wiederholt am Gipfel auftauchte. Er kam durch die Felswände sozusagen als illegaler Grenzgänger vom österreichischen Schneekar herauf, legte seinen Wechsel mit raffiniertester Bergsteigertaktik durch die schwindelnd steilen Abbrüche und ernährte sich von Abfällen, die der lebhafte Gipfeltourismus überreich zurückgelassen hatte. Auch heute wären Füchse mit solchen Freßgewohnheiten ganz nützlich auf der Zugspitze.

Verborgene Schätze im Wettersteinkalk

Expedition in die Tiefe

Fast niemand kennt jene Wunderwelt, die sich im Innern der Berge entfaltet, in der Tiefe der Höhlen, die über Jahrtausende hinweg das gefräßige Wasser aus dem Felsen genagt hat. Münchner Höhlenforscher machten sich in den fünfziger Jahren auf, über mehrere Sommer im Zugspitz- und Frickengebiet diese Welt zu erkunden. Sie entdeckten viel Neues und waren auch dem Rätsel des Partnach-Ursprunges auf der Spur. ›Bergsteiger der Tiefe‹ könnte man die mutigen Höhlenforscher nennen, die in Dunkelheit, Nässe und Kälte, zwischen Wasserpfützen, vereisten Wänden und eisigen Rinnsalen ihre Freizeit mit solcher Forschungsarbeit verbringen und zugleich sportliche Höchstleistungen vollbringen. Auch bergsteigerisch ist dabei ›alles drin‹ an Schwierigkeiten. Unterirdisch gibt es viele Wände auch im Wettersteingebirge, die noch nicht erobert sind; vieles in der Tiefe ist noch rätselhaft und gerade in seiner Unbekanntheit auch gefährlich. Das Auffinden von Höhlen in den Kalkalpen und das ›Befahren‹ setzen viel Spürsinn und persönlichen Wagemut, alpinistischen Drang und wissenschaftliches Interesse voraus.

Das Werdenfelser Land gehört zu den ergiebigsten und interessantesten Gebieten der nördlichen Kalkalpen und fordert die Höhlenforschung geradezu heraus. Partenkirchner Bewohner sollen bereits zur Jahrhundertwende versucht haben, in die Quellöffnung der Kuhfluchtfälle bei Farchant einzudringen, aus der das Wasser mit etwa zwei Metern Querschnitt unter Druck aus der Wand herausschießt. In den fünfziger Jahren folgten weitere Versuche, wobei sich die Höhlengänger stets die Zeit des Niedrigwassers aussuchten und doch immer mit einem Anschwellen des Wassers rechnen mußten, als Folge plötzlicher Gewitter und Wolkenbrüche. Oberhalb der Kuhflucht-Quelle wurden 1961 auch mehrere Befahrungen der ›Frickenhöhle‹ unternommen, wobei die Forscher einmal durch steigendes Wasser beinahe vom Ausgang abgeschnitten worden wären. Es gibt in dieser Höhle, so wurde erkundet, die verschiedensten Quergänge und Abstürze, bis zu 30 Metern senkrecht hinunter. Fledermäuse und Käfer, auch eine pilzartige Pflanze, hausen dort in ewiger Finsternis zwischen bunt versinterten Kalkwänden und eisigen Tümpeln.

Zwischen 1955 und 1960 widmeten sich Höhlenforscher und einheimische Spezialisten intensiv den zahlreichen Höhlen unter dem Zugspitzplatt. Man entdeckte dabei nicht weniger als 62 neue Höhlen, darunter die drittiefste Deutschlands, den sogenannten ›Finkenschacht‹. Man vermaß oder befuhr sie teilweise; im Finkenschacht waren die Forscher vier Tage lang unterwegs, ihr Zelt stand hundert Meter tief unter dem Platt. Man stieß noch weitere 31 Meter vor und traf erstmals auf einen unterirdischen Wasserlauf. Er war, so nahm man an, die lang gesuchte Verbindung zum Ursprung der Partnach. Vermutlich befindet sich unter dem Zugspitzplatt ein See, aus dem die 1400 Meter tiefer im Reintal zutage tretende Quelle der Partnach gespeist wird. Das Platt gibt nach den Berechnungen durchschnittlich 350 Sekundenliter Sammelwasser nach unten ab; die Partnach kann rund 500 bis etliche tausend Sekundenliter an der Quelle ausschütten. Also muß sie zusätzlich von Höhlenseen gespeist werden.

Aufgrund der Forschungsarbeiten liegt es nahe, daß es im Plattgebiet, wie auch unter den Gatterlköpfen, an der Brunntalfurche und bei den inneren Höllentalspitzen noch allerlei Höhlen gibt, die ihrer Entdeckung mit Stahlseilen und Leitern harren. Auch im Gebiet der Höllentalangerhütte wurden Schächte entdeckt, die teilweise mehr als hundert Meter tief sind. 40 Meter drang man schon vor. Sie sind jedoch stark steinschlaggefährdet und jeden Moment können sich Wassereinbrüche ereignen.

Besonders ergiebig war eine Expedition bayerischer Höhlenforscher auf der Zugspitze im August 1958. Zwölf Mann hatten sich unter Leitung von *Karl Thein*, einem der profiliertesten Experten des Münchner Vereins für Höhlenforschung, zusammengefunden und ein umfangreiches wissenschaftliches Programm ausgearbeitet. Für die viertägigen Forschungsarbeiten war die Knorrhütte ihr Standquartier. Zum Zeitpunkt dieser großen Expedition waren bereits 47 Zugspitzhöhlen unter dem Platt bekannt, aber zumeist noch nicht systematisch erforscht. Einige von ihnen waren ein Jahr zuvor genauer untersucht worden, alle übrigen wurden nun nach wissenschaftlichem Plan ›befahren‹. Man ließ sich an Seilen tief hinunter in die Schächte mit ihren Windungen, Engstellen und Siphons (Kniestellen, in denen das Wasser steht). Man machte zahlreiche Photos und Filmaufnahmen, die die Grundlage wissenschaftlicher Kartierung bilden sollten.

Der Laie kann sich schwer vorstellen, mit welchen Schwierigkeiten und Strapazen solche ›Befahrungen‹ verbunden sind, vor allem in Tiefen zwischen 35 und 70 oder gar hundert Metern. Selbst mit der raffinierten Ausrüstung unserer Tage bleibt es eine Tortur; die Gefahr, abzustürzen, ist groß. Wie riskant muß da erst die Unternehmung von 1931 gewesen sein, als die ersten Höhlenforscher mit damals noch viel einfacheren alpinistischen Mitteln die

Schächte der Zugspitze untersuchten. Selbst als der Höhlenpionier Dr. Benno Wolf 1932 die Arbeiten fortsetzte, war an Perlon- oder Stahlseilsicherung noch nicht zu denken. Er hat damals den ›Wolf-Schacht‹ entdeckt, den er nicht voll befahren konnte, weil er an einem Felsvorsprung scheiterte. Erst die Expedition von 1958 hat diesen Schacht voll ausgelotet.

Wolf, der auch 1935 und 1936 zahlreiche Höhlen-Untersuchungen auf der Zugspitze durchgeführt hat, schätzte damals – er hinterließ umfangreiche Aufzeichnungen – die Anzahl der Höhlen am Zugspitzplatt auf etwa 300. Einen weiteren von ihm entdeckten Schacht hatte er 1936 wegen Schmelzwassereinbruchs eiligst aufgeben müssen; auch diese 47 Meter tiefe Höhle wurde erst 1958 ausgelotet. Dieses Jahr war mit fünf Zugspitz-Expeditionen der Münchner und Garmisch-Partenkirchner Höhlenforscher eines der ergiebigsten. Bei den ›Befahrungen‹ im August wurde, etwa 25 Gehminuten von der Knorrhütte entfernt, die 48. Zugspitz-Höhle entdeckt und ausgelotet, die sogenannte ›Holzkirchner Höhle‹, eine der tiefsten mit rund 70 Metern. Benannt ist sie nach ihrem Entdecker, Karl Cramer aus Holzkirchen.

Damals hatten die Höhlenforscher ihre Arbeit auch auf das noch nicht untersuchte Gelände um die Plattspitzen, das Schneefernerhaus und das Brunntal ausgedehnt. Später erweiterte man das Forschungsgebiet bis zum Hochwanner und entdeckte auch dort Höhlen. In unseren Tagen werden die Tiefen des Wetterstein-Kalks wohl noch mit so mancher Überraschung aufwarten.

Wenn der Mensch Edelmetall wittert, setzt er sich sogar über Urängste hinweg. Nur so ist es zu verstehen, daß es im Mittelalter im Wetterstein- und Karwendelgebirge eine Art ›Goldrausch‹ gab, der hohe Wellen schlug. Schon damals trieb man, auf der Suche nach Silber, Eisen, Blei und später dem kostbaren Molybdän, vielerorts Stollen in die Berge und beutete die Erze aus. Selbst über dem unwirtlichen Höllental nisteten sich die Schatzgräber ein und das bereits vor rund 500 Jahren. Eigentlich waren die Berge damals ›tabu‹, aus Furcht vor dem Zorn der Berggeister. Vom Mythos um den ›Zuggeist‹ wurde bereits an früherer Stelle berichtet. Im Mittenwalder Karwendel hauste angeblich das sagenhafte ›Erzfräulein‹ und trieb dort sein gefährliches Unwesen. Als aber die Bewohner entdeckten, daß die unheimlichen Berge Erz mit Edelmetall bargen, überwog die Gier die frühere Furcht. Der Bergbau in Bayern begann. Jener Gold- oder Silberrausch mußte auch die Mächtigen mit ihren hochverschuldeten Hofhaltungen und die Gebietsherrn auf den Plan rufen. Bald begann auch ein rüdes Raufen um den Besitz der Fundstellen im Gebirge. Man unternahm sogar bewaffnete Interventionen wegen des kostbaren Erzes. An unglaublich vielen Orten im Gebirge setzte eine emsige und harte Maulwurfsarbeit ein. Allein im Werdenfelser Land gab es ungefähr ein Dutzend Stellen, an denen Stollen vorgetrieben wurden!

Außer im Höllental und über Mittenwald schürfte man auch am Waxenstein, Gaifkopf, Kramer und Heimgarten. Bei letzterem soll man sogar auf Gold gestoßen sein und die Sage berichtet, daß dort ein mächtiger Schatz verschlossen liege, den einst einer der Herren von Weichs von seinem Schloß bei Ohlstadt mit rund 30 Maultieren an diesem sicheren Ort versteckt haben soll. Am Kochelsee und an anderen Gebirgsorten geht die Sage, daß einst die ›spukhaften Venediger‹ ganze Säcke voll schwarzen Sandes fortgetragen und daraus Edelmetall gewonnen hätten. All diese Einfälle basieren auf dem tatsächlichen Goldrausch von einst. Man weiß fast nirgends über ihn so gut Bescheid wie im Höllental. Dort gab es die umfangreichsten Schürfungen und Stollen, deren bekannte Geschichte markante Überreste dokumentieren.

Bis in die dreißiger Jahre unseres Jahrhunderts war der Bergbau hier fortgesetzt worden. Der Wetterstein-Fels zeigt vielfach Eisengänge, die durch ihr Rostrot auffallen. Vielleicht läßt sich daraus die Eisenförderung im Tagbau erklären, die schon in römischer Zeit bekannt war. Nach Entdeckung von Silberadern im Gestein begann der Rausch. Blei, Zink und Schwefelkies (gern mit Gold verwechselt) kamen hinzu. Und schon bald stritten Bischöfe und Herzöge um die Kostbarkeiten.

Ältestes Dokument des bayerischen Goldrausches ist das Schürfrecht für die Familie Hammersbacher, das ihnen von Bischof Hermann um 1417 verliehen wurde: »ober Hammersbach auf Eisen zu graben«. Ein Ortsteil des Zugspitzdorfes Grainau am Fuße der Höllentalklamm heißt heute noch Hammersbach. Die Familie gleichen Namens besaß dort ein Schlößchen. Bergbau war damals in dieser rauhen Gebirgswelt ein unerhört schwieriges Unterfangen. Bei hohem Aufwand und fürchterlicher Schinderei blieb die Ergiebigkeit recht dürftig und die Ausbeute schwankend. Man erlebte immer wieder Pleiten, nahm neue Anläufe mit neuen Unternehmern. Trotzdem wurden fast 500 Jahre lang in den finsteren, nassen Stollen über dem Höllental die Hauen der Knappen geschwungen; es rollten die ›Hunde‹ und drunten im Tal in der ›Schmölz‹ – sie heißt heute noch so – dröhnten die Hämmer und Blasbälge der Erzschmelzen und Schmieden.

Schon früh entstanden Ansiedlungen für die Knappen mit Verwaltung. Die ›Knappenhäuser‹ am Weg zum Kreuzeck zeugen noch heute von dieser Geschichte. Auf der benachbarten Hammersbacher Alpe stand bereits 1560 eine Hütte. Im ›Erzthal‹ baute man mit vielen Unterbrechungen bis 1795 immer wieder Eisenerz und Schwefelkies ab. 1740 war auf dieser Alpe ein ›Knappenhaus‹ eingerichtet worden, doch erst 1826 lebte durch ein neu erteiltes Schürfrecht der Abbau wieder auf. Rechnungskommissär Johann Biebel, der frühere Verwalter des Militärgestütes Schwaiganger bei Ohlstadt, begann als Pensionär mit moderneren Mitteln nach Blei und Galmei zu schürfen, anfangs mit geringer Ausbeute (1827 bis 1829 nur rund hundert Zentner Erz).

Doch das sollte sich bald ändern durch verstärkten technischen und personellen Einsatz. Unterhalb der heutigen Knappenhäuser entstanden drei Stollen und eine Schmiede; der Knappensteig, die Talverbindung, erhielt eine Brücke über die Höllentalklamm. Die Unterkünfte selbst, die sogenannte Knappenkaue, wurden vergrößert. Der Staat hatte sich an dem Biebel'schen Unternehmen mit über 40 Prozent beteiligt, so konnte man kräftig investieren. Der Erztransport war ursprünglich nur per Traglast bergauf über das Hupfleitenjoch möglich, solange die Klüfte bei der Klamm unbegehbar blieben. Bis 1845 entstanden neben den Knappenhäusern weitere Bauten und Zechenhäuser. Man errichtete Förderanlagen in den Stollen, Brücken, Gleisanlagen und sogar ein kleines Wasserkraftwerk für den Maschinenantrieb, dessen Reste – Eisengestänge, Betonrinnen und Rechen – heute noch zu sehen sind.

Doch der Konzessionär Biebel starb bald und mit ihm der Bergbau. Die Anlagen begannen zu verfallen. Sie wurden zum romantischen Anblick für die ersten Touristen, die durch das neu erschlossene Höllental heraufkamen. Das änderte sich schlagartig, als der Bergbauingenieur *Friedrich Wilhelm Radu* entdeckt hatte, daß das im Höllental geschürfte Gelberz auch Molybdän enthalte. Dieses Molybdän war einer der wichtigsten Rohstoffe bei der Herstellung besonders hochwertigen Stahls.

Einst war Molybdän für die Rüstungsindustrie wichtiger

als Gold und Silber. Der Ingenieur kaufte 1909 den Nachkommen des Rechnungskommissärs die Anlagen über dem Höllental ab. Es entstand eine neue Bergwerksgesellschaft, die die Bauten restaurierte. Man investierte die damals ungeheure Summe von einer halben Million Goldmark in das neue Projekt; ja man plante sogar ein Hotel ›Knappenhäuser‹ und im Gespräch war eine Zugspitzbahn durch das Höllental. Weder sie noch das Hotel wurden gebaut. Kurz vor Ausbruch des Ersten Weltkrieges wurde Radu Hauptaktionär der Deutsch-Schweizer-Molybdän AG und machte sich zum Bergwerksdirektor. Der Hauptabnehmer des Höllentaler Molybdän war über einen Zwischenlieferanten die Firma Krupp: Die Knappen schufteten für Kaisers Kanonen. Während des Krieges gingen täglich – unter Polizeischutz! – acht bis zehn Kilogramm Höllentaler Molybdän nach Essen ab. 1916 arbeiteten bereits über 600 Leute in den Stollen und Aufbereitungsanlagen.

Entsprechend mußten auch die Wohnbauten erweitert werden, obwohl die Knappen die Einsamkeit und die Enge dieser Unterkünfte ohne Komfort gar nicht mochten. Sie wollten lieber im Tal übernachten oder bei ihren Familien in der Umgebung; es sei denn, die Schneesituation ließ dies gerade nicht zu. Für die Einheimischen war die Beschäftigung im Bergbau in dieser Notzeit eine wichtige Arbeits- und Verdienstquelle. Wer sich dort kriegsverpflichtet hatte, kam um den Frontdienst herum. Und die ›Dicke Berta‹ vor Paris schoß ihre gefürchteten, mannsdicken Steilfeuer-Granaten aus Höllental-Molybdän-Rohren ab. Der Molybdän-Abbau endete 1918. Man brauchte keine Kanonen mehr und die moderne Stahlherstellung kam ohne diesen Rohstoff aus, der schwer abzubauen war und zu teuer wurde. Von neuem ruhten die Anlagen über dem Höllental und verfielen allmählich. Der Eigentümer, die ›Gewerkschaft Werdenfels‹, stellte im Jahr 1925 offiziell den Betrieb ein, nachdem über einen langen Zeitraum kein Abbau mehr stattgefunden hatte.

Ein Amerikaner ersteigerte schließlich das Bergwerk samt Knappenhäusern, Materialbahn, Förder- und Aufbereitungsanlagen. Sie wechselten noch mehrfach den Besitzer, aber der Abbau rentierte sich nicht mehr. 1932 erlosch die Genehmigung für die Bleigrube; dafür war das Bergwerk noch genutzt worden.

Schließlich erwarb eine Münchnerin die Knappenhäuser, um sie als Gasthaus für den wachsenden Tourismus attraktiv zu machen. Der Zweite Weltkrieg begrub ihre Pläne unter Schutt und Asche. Bergführer Luggi Kleisl, der neue Besitzer, machte die Knappenhäuser allmählich zu einem vielbesuchten Einkehrplatz des modernen Massentourismus. Aber auch viele ›zünftige‹ Bergsteiger genießen den traumhaften Blick, der sich durch die Lage der Häuser auf einer Felsklippe über dem Höllental bietet, hinüber zum Höllentalferner, zur Zugspitze oder zu den Waxensteinen und hinunter in die Klamm.

Der ›Fast-Dreitausender‹
und seine ›Ferner‹

Die Zugspitze ist in vielerlei Hinsicht ein bemerkenswerter Berg. Zwei Staaten beanspruchen sie für sich, die Grenze führt genau über den Gipfel. Eigentlich hat sie ja drei Gipfel unterschiedlicher Höhe und besitzt zwei Gletscher. Die Technik hat den Berg erobert, die Trassen der Bahnen haben ihn in Fesseln gelegt, von vier Tunneln wurde er durchlöchert. Wissenschaft und Forschung haben sich im Gipfelbereich eingenistet; und Sommer wie Winter bevölkern Scharen von Touristen und Skifahrern die Zugspitze.

Fangen wir damit an, daß es eine Handvoll verschiedener Angaben über die Gipfelhöhe dieses etwas zu kurz geratenen Dreitausenders gibt. Selbst in Karten findet man unterschiedliche Eintragungen. Die Angaben liegen zwischen 2960 und 2966 Metern. Das ist kein Versehen, sondern hat Geschichte. Auch die offiziell festgelegten 2963 Meter sind eine etwas willkürliche Angabe, denn ursprünglich hatte die Zugspitze drei Gipfel unterschiedlicher Höhe. Der mittlere (Haupt-)Gipfel wurde 1930 beim Bau der Seilbahn-Gipfelstation abgesprengt. Den ursprünglich 2960 Meter hohen Westgipfel, an dem 1883 die erste Unterkunft, das spätere ›Münchner Haus‹, errichtet worden war, hatte man 1938 weggesprengt: Die Deutsche Wehrmacht wollte dort ein Gebäude für Flugsicherung errichten, mit dem endlich die ersehnten 3000 Höhenmeter erreicht worden wären. Später entstand hier das österreichische Gipfelhotel.

So blieb allein der Ostgipfel, der das Gipfelkreuz trägt, übrig. Auch bei ihm, dem niedrigsten der drei, schwanken die Höhenangaben. Bei einer Vermessung 1890 waren die 2963 Meter errechnet worden, die heute maßgebend sind. Eine moderne Nachvermessung 1957 über ein verfeinertes Netz trigonometrischer Punkte ergab die gleiche Höhe und man zollte der bayerischen Militärverwaltung Respekt, die fast 70 Jahre früher mit ungleich einfacheren Mitteln zu so präzisen Angaben gekommen war; sie hatte nach Metern gemessen. Es blieb unklar, ob die Zugspitze seit Jahrhundertbeginn höher geworden oder geschrumpft war. Erstaunlich genug, daß eine Messung der Technischen Hochschule München von 1951 noch 2961,2 Meter ergeben hatte, während 1966 das Bayerische Landesvermessungsamt 2962,1 Meter ermittelte. Beim Bau der Bayerischen Zugspitzbahn 1928/30 war der gleiche Gipfel 2960,2 Meter hoch gewesen. Auf österreichischen Karten wird die Höhe der Zugspitze mit 2962 Metern angegeben. Dem Gipfelwirrwarr sind keine Grenzen gesetzt. Sogar deutsche und österreichische Vermessungen folgen unterschiedlichen Maßstäben. Bayern richtet sich nach dem Normal-Null-Pegel von Amsterdam, Tirol geht vom Pegel Triest aus. Die Adria hat geringere Gezeitenschübe als der Atlantik und somit die Triestmarke weniger Schwankung. Daher der Unterschied von rund einem Meter.

Eine Art salomonisches Urteil ›fällt‹ der offizielle Topographische Atlas Bayern (Ausgabe 1968): Er gibt 2963 Meter Höhe für den Westgipfel an und für den trigonometrischen Punkt am Ostgipfel 2961 Meter. Also bleibt die Angabe einer Zugspitzhöhe ›gespalten‹. Die Höhe von 2964 Metern – zu lesen auf Ansichtskarten – ist keine offizielle Höhenmarke.

Daß die Zugspitze vielleicht einmal ein richtiger Dreitausender werden könnte, ist kein Aberwitz, sondern hat geologische Gründe: Die Alpen, wie wir hörten, ein relativ ›junges‹ Gebirge, haben ihre Auffaltung, den Schub nach oben, noch nicht beendet. Ob in den erdgeschichtlichen Zeiträumen diese Wachstumskräfte oder die Erosion, das heißt die Abtragung von Fels, die Oberhand behalten werden, ist zweifelhaft. Auf Dauer werden wohl die Gebirge eingeebnet, weil das Wetter gewaltig an ihnen nagt. Es sei denn, die Erde schrumpft durch ihre Abkühlung so stark, daß doch eine Auffaltung überwiegt. Wir werden es sicher nicht erleben, das Ende dieser Gipfelgeschichte.

Von Zeit zu Zeit gibt es ›menschliche‹ Ansätze, aus der Zugspitze doch noch einen echten Dreitausender zu machen. Zuerst war es die Deutsche Wehrmacht mit ihrem geplanten Flugsicherungsturm. 1950 versuchte es die Deutsche Bundespost, die im aufkommenden Fernseh-Zeitalter mit ihrer Funktechnik auf der Zugspitze seßhaft geworden war. Sie plante – nicht etwa um der 3000 Meter willen – einen achtstöckigen, funktechnischen und wissenschaftlichen Großbau auf dem Gipfel, genannt ›Gralsburg‹. Doch das Projekt wäre zu teuer und zu aufwendig geworden und verschwand nach vier Jahren Planung für immer in der Schublade.

1975 erregte ein namhafter Bergsteiger mit dem Vorschlag Aufsehen, durch einen künstlichen Gipfel aus Stahlbeton die Zugspitze um 37 Meter zu erhöhen. Er hatte sich geärgert, daß Kletterer fremder Nationen über den deutschen ›Möchtegern-Dreitausender‹ gespottet hatten. Doch einen künstlichen Prestigegipfel hielten die meisten für absurd und fürchteten, sich nun erst recht lächerlich zu machen. Diese Idee wurde bald ignoriert und nicht mehr erwähnt.

Für neuen Gesprächsstoff und Presse-Echo sorgte im Juni

1985 der Werbegag eines Schweizer Unternehmens, das mit Spürsinn für Publicity die Zugspitze wenigstens vorübergehend zum Dreitausender machen wollte: Es baute aus einem Aluminium-Gerüst und 1500 Quadratmeter Kunststoff-Bahn einen 36 Meter hohen künstlichen ›Gipfel‹, der einem flatternden Obelisken ähnelte. Das seltsame Gebilde wurde an einem 85 Meter langen Seil befestigt und per Hubschrauber in 3100 Metern Höhe dicht über dem echten Gipfel freischwebend niedergesenkt. Wegen Luftturbulenzen gelang dieser Gag erst im zweiten Anflug. Der Gipfelhut in der Farbe des Zugspitzfelsens war am Platt noch aufgeblasen worden und hatte wenigstens eine Minute lang den Berg zu einem Quasi-Dreitausender gemacht. Vorausgegangen war ein Hickhack um die Genehmigung. Ein Sprecher des Bundes Naturschutz hatte das Unternehmen als den »Gipfel der Geschmacklosigkeit«

Schneeschaufeln für die Wissenschaft: Der langjährige Leiter der meteorologischen Beobachtungsstation auf dem Gipfel, Wolfgang Brunner, mußte besonders im Herbst, Winter und Frühjahr die Geräte-Plattform von Schnee und Eis befreien, damit immer eine exakte Messung gewährleistet ist.

▶ *(links)   Der Vater der Zugspitz-Meteorologen, Josef Enzensperger, zog als erster Wetterbeobachter am 19. Juli 1900 in den Turm auf dem Zugspitzgipfel ein. Er blieb dort ein Jahr und hat seinen Nachfolgern den Weg geebnet. Zwei Jahre später nahm er als Wissenschaftler an einer Südpolexpedition teil und kam dabei ums Leben.*

▶ *(oben)   Die wuchtige Welt des Höllentales zeigt sich in ihrer ganzen Schönheit am Höllentalanger, der den Blick auf den Gletscher freigibt. Links im Bild die Angerhütte.*

▶ *(unten)   Über den oberen Bildrand zieht sich der berühmt-berüchtigte ›Jubiläumsgrat‹, der sich vom Gipfel der Alpspitze (links, außerhalb des Bildes) bis hinüber zur Zugspitze erstreckt (rechts). Für diese Klettertour braucht man gute Kondition, Bergsteigererfahrung, Spezialausrüstung und sicheres Wetter.*

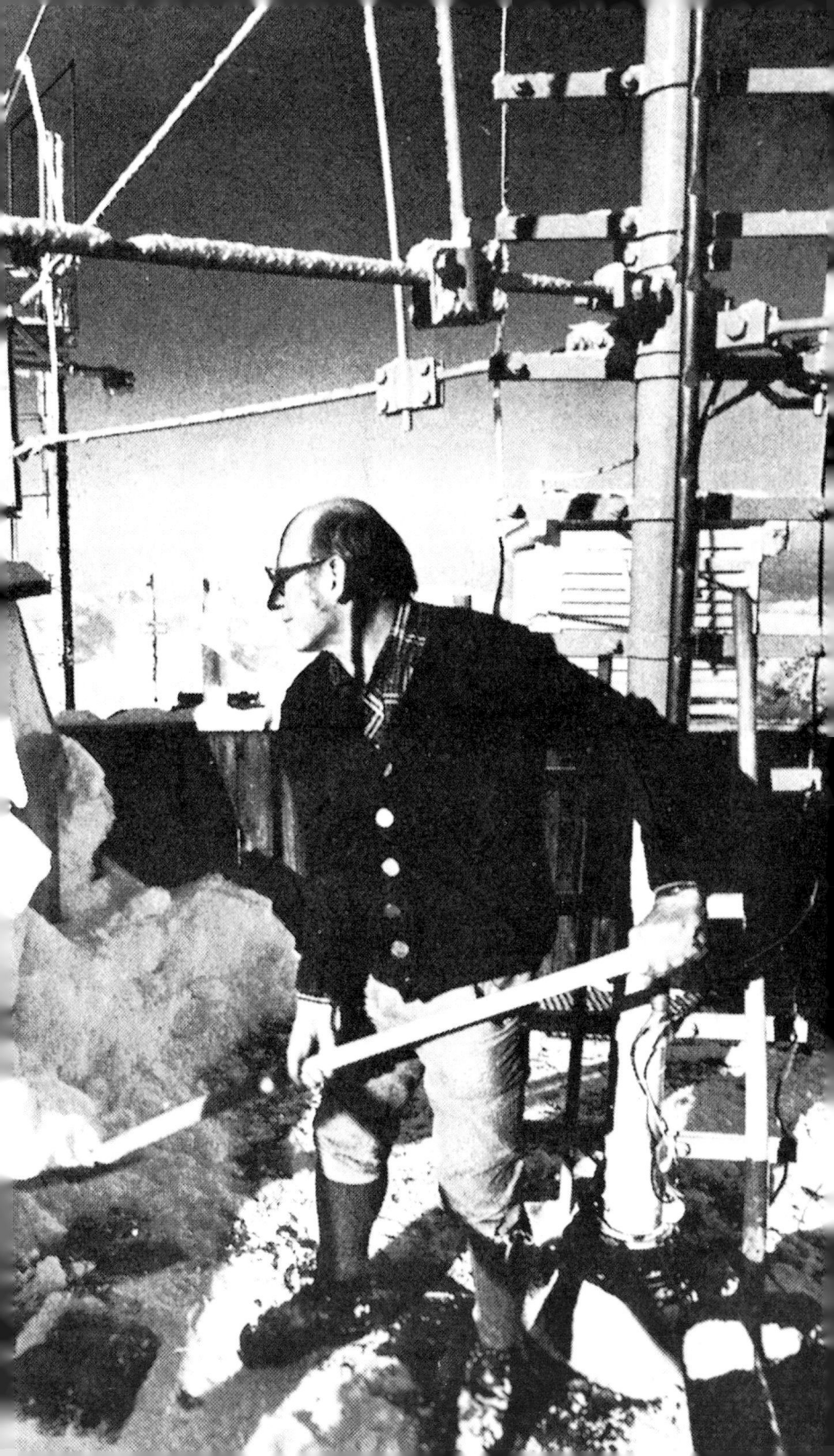

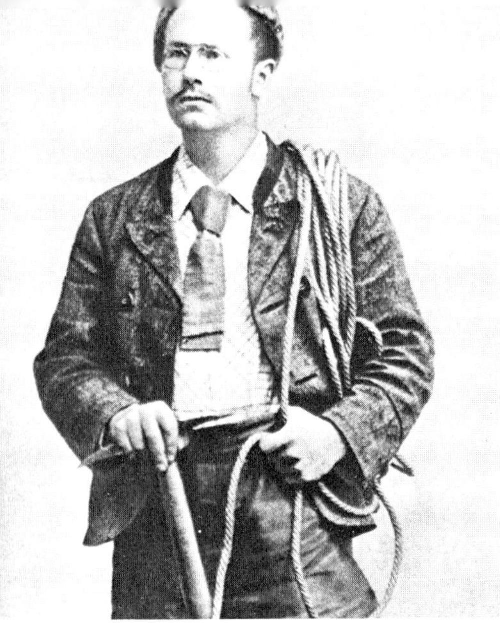

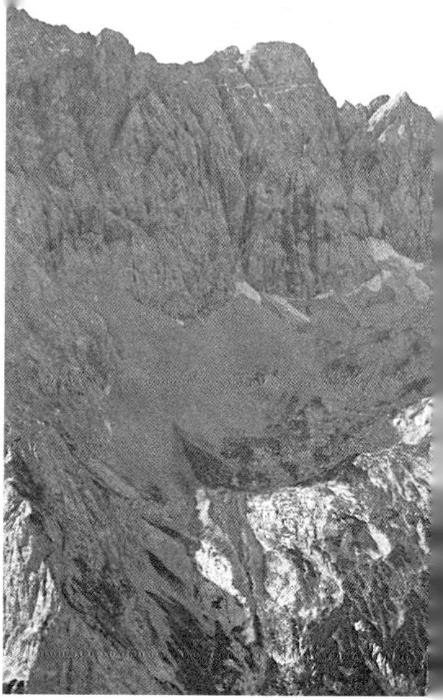

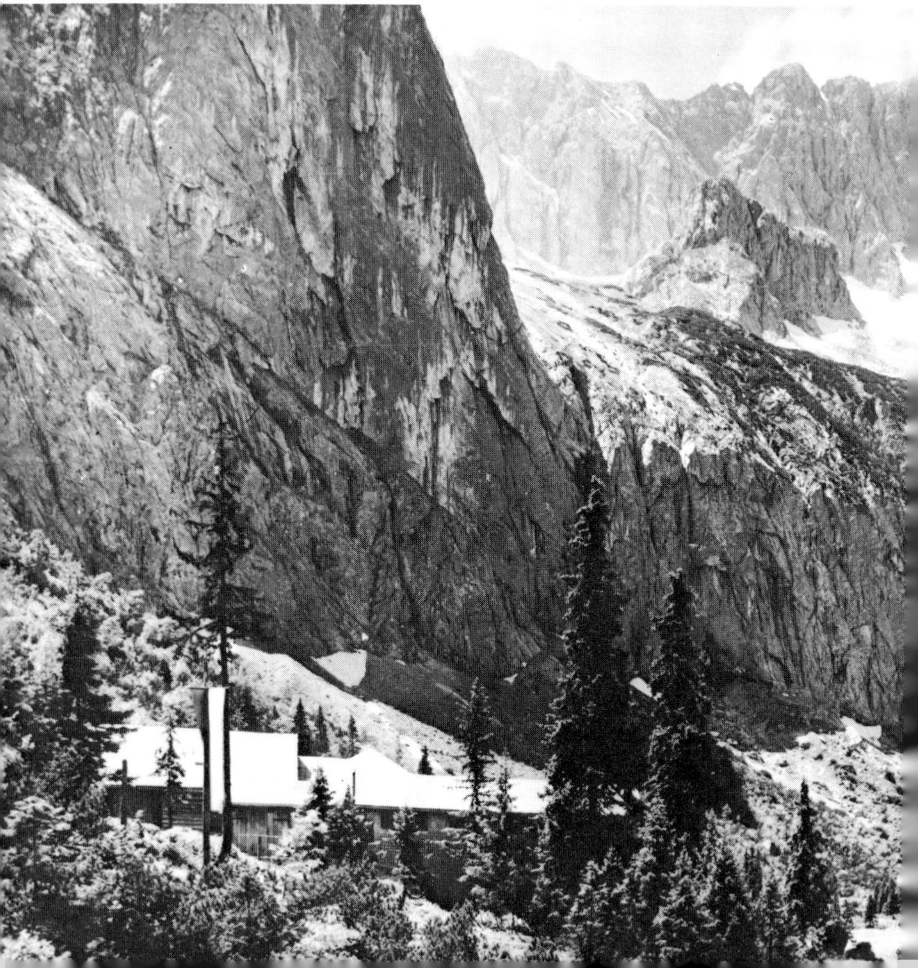

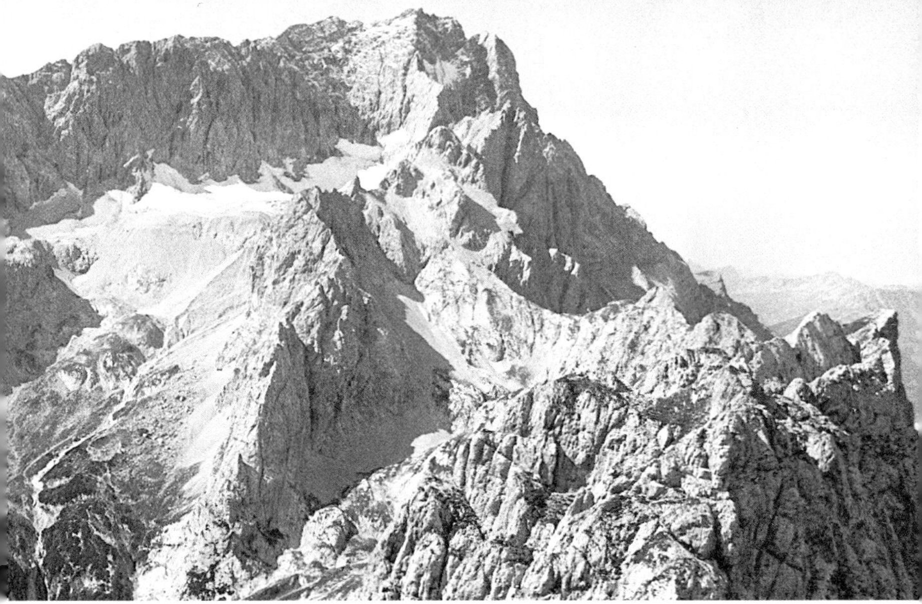
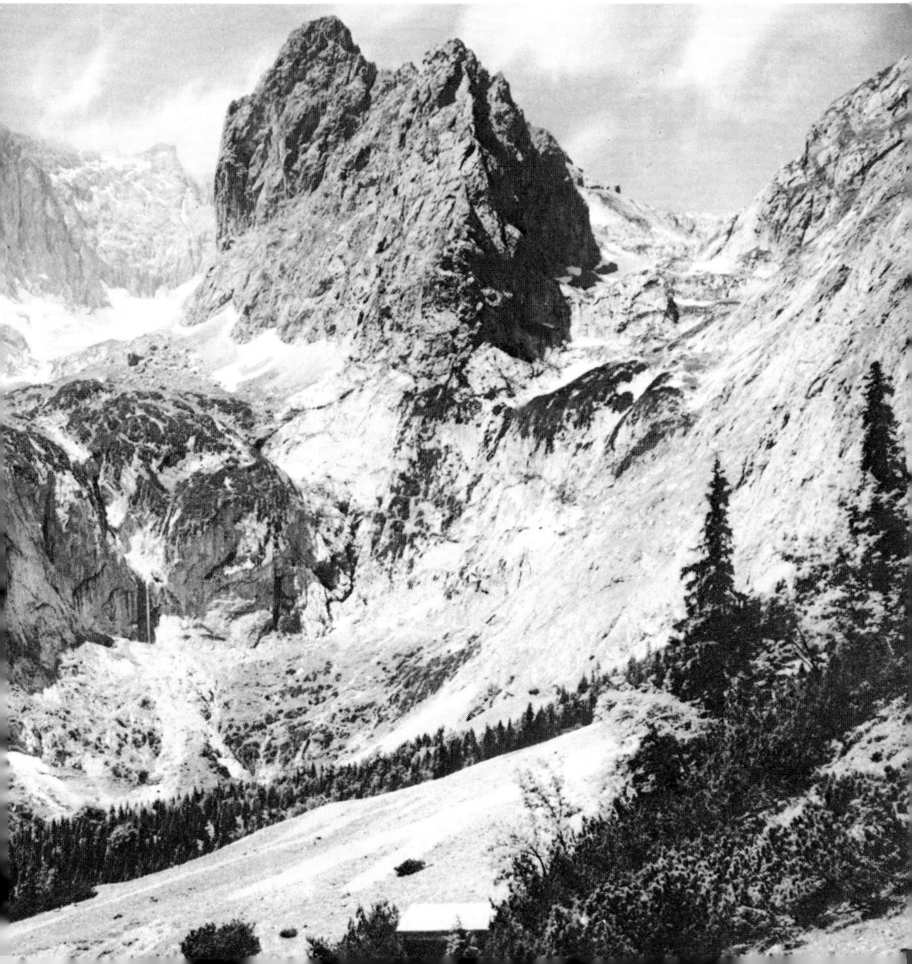

und »Reklame-Schwachsinn« bezeichnet. Von Behörden-seite wurde die Aktion weder erlaubt noch verboten.

Verhindert hatte man aber einige Jahre zuvor den Plan, die Nordwand der Zugspitze ständig zu illuminieren. Die Baye-rische Zugspitzbahn-AG hatte auf Initiative ihres dama-ligen Direktors, des Diplomingenieurs Bernhard Schmidt, Scheinwerfer-Batterien in der Wand installiert. Tatsächlich war für einige Zeit die riesige Wand nachts beleuchtet und weithin zu sehen. Heftige Diskussionen entbrannten über das Thema künstlicher Illuminierung von Bauwerken oder Natur-Attraktionen. Die Gegner siegten, die Scheinwerfer mußten abgedreht werden.

Eine echte Besonderheit der Zugspitze sind ihre beiden Gletscher. Der ungewöhnliche, hufeisenförmige Aufbau des Massivs und der lange Grataufbau zwischen Zug- und Alpspitze in der Mittelachse haben zwei getrennte, mäch-tige Kessel entstehen lassen: das Zugspitzplatt mit dem Schneeferner und das Höllental mit seinem Ferner. Es gab sogar noch einen dritten Zugspitzgletscher, am Südwest-Rand des Plattes unter dem Schutz der 2739 Meter hohen Wetterspitzen. Dieser sogenannte ›Südliche Schneeferner‹ war ursprünglich mit dem nördlicheren Gletscher verbun-den. Zwischen 1850 und 1950 gingen überall in den Alpen die Gletscher stark zurück. Der südliche Ferner schrumpfte in dieser Zeit auf 430 Meter Länge zusammen (vorher

Nach der Lawinenkatastrophe vom 15. Mai 1965: Im Vordergrund einige Liege-stühle, die die Schneemassen von der Terrasse des Schneefernerhauses herunter mit sich gerissen hatten. Im Hintergrund Bergungsmannschaften, die in dem teilweise 15 Meter hoch aufgetürmten Schnee Suchgräben gezogen hatten, um Verschüttete zu bergen.

1385 Meter) und seine Fläche schwand von bisher einem Quadratkilometer auf ein Fünftel seiner Größe. Heute ist das Gelände nur noch ein steiles Firnfeld, auf dem eine Liftstation steht.

Die Abflüsse der Zugspitzgletscher haben zwei Naturwunder geschaffen: Das Reintal mit der Partnach und das Höllental mit dem Hammersbach, die sich beide in den Jahrtausenden zu einer ›Klamm‹ entwickelt haben. Im steileren Höllental fraßen Wasser und Eis eine enge Schlucht in das Gestein mit Wandhöhen bis zu 120 Metern. Die imposante Schönheit dieser alpinen Welt touristisch zu erschließen, war Anfang dieses Jahrhunderts eine Pioniertat. Größte Schwierigkeiten verursachte das Begehen der Höllentalklamm. Schon ihre Erkundung war halsbrecherisch. Mit zusammengebundenen Leitern und Stricken mußte man sich erst zum Grund der Schlucht abseilen und an glatten, feuchten Felswänden wieder hinaufkommen, durch Gumpen (Teiche) mit eiskaltem Wasser waten, Felskammern und Blocklabyrinthe des tiefblauen Baches erforschen, oder durch Wasserfälle hindurch nach oben klettern.

Fachleute hielten eine Erschließung dieser Klamm zunächst für undurchführbar; eine Schweizer Firma lehnte das Unternehmen als zu riskant ab. Schließlich nahm die örtliche Sektion des Deutschen Alpenvereins unter Leitung von *Adolf Zoeppritz* (1856–1939; Sektionsvorsitzender 1901–1934) die Arbeit in Angriff. Sprengmeister aus Vorarlberg, Mineure aus Südtirol und Arbeiter aus dem Zugspitzdorf Grainau trotzten den Gefahren dieser unheimlichen Baustelle: Steinschläge, Hochwasser durch plötzliche Gewittergüsse und einstürzende Lawinenbrücken sind dort keine Seltenheit. Trotz des hohen Risikos gab es in den drei Jahren Bauzeit keinen ernsten Unfall. Allerdings stürzte Zoeppritz' Hund ab und hätte seinen Herrn beinahe mitgerissen. Zoeppritz verdanken wir auch den Bau des Kreuzeckhauses.

Die grundlegende Erschließung dieser Klamm, die im August 1905 beendet war, hatte die damals ungeheure Summe von 80 000 Goldmark gekostet; durch Spenden und Anteilscheine hatte man das Geld aufgebracht. Von Anfang an war die Höllentalklamm eine Attraktion ersten Ranges. Schon im Eröffnungs-Jahr kamen 25 000 Besucher. Die Anlagen wurden immer weiter ausgebaut mit neuen Wand-Stegen, Treppen, Brücken und Tunnels. Heute ist die Strecke insgesamt 1000 Meter lang mit 118 Metern Höhenunterschied. Lawinen, die sich bis zu einer Dicke von 30 Metern auftürmen können, Eisbrüche und Steinschlag machen die Klamm im Winter unbegehbar; aber im Sommer strömen alljährlich Massen von Touristen staunend durch die nassen und kalten Schluchten, auf dem Weg zum Kreuzeck über die Knappenhäuser oder zur Zugspitze. Warme Kleidung ist bei dieser Schluchtdurchquerung unbedingt von Nöten.

Vor gut 70 Jahren wurde auch die Partnachklamm Sommer wie Winter für die Besucher geöffnet. Sie ist 700 Meter lang, ihre Steilwände bis zu 80 Meter hoch. Durch Stollen, die in den Fels gesprengt wurden, ist sie auch im Winter begehbar und eine besondere Attraktion, wenn sich die riesigen Eiskaskaden in immer neuem Licht zeigen.

Die Geschichte der Steilwände: »kriminell gefährlich«

Der heute im Zuge des Massentourismus scheinbar so leicht, leicht-füßig und oft auch leichtsinnig zu bezwingende Modeberg Zugspitze ist trotz allem ein Gipfel für ›zünftige‹ Bergsteiger geblieben, die das besondere Erlebnis durch Leistung suchen. Vor allem der westliche Teil des Wettersteingebirges bietet eine Fülle reizvoller Klettertouren unterschiedlichster Schwierigkeitsgrade. Lange Gratwanderungen und hohe Wände in allen Variationen lassen das Herz des Alpinisten höher schlagen. Verfolgen wir die Geschichte der Zugspitzwände, die schon früh zu einem klassischen Klettergebiet und dementsprechend durch Stützpunkte erschlossen wurden.

1855 errichtete man die Knorrhütte am Ostrand des Zugspitzplattes als ersten Wetterstein-Ausgangspunkt; auf österreichischer Seite folgte die Wiener-Neustädter-Hütte 1884. Außerdem sind die Reintal- (1880), Höllentalangerhütte (1893) und das ›Münchner Haus‹ (1897) weitere wichtige Beispiele aus dem vorigen Jahrhundert; sie waren ausschließlich als Standquartiere beziehungsweise Gipfelunterkünfte für ›echte‹ Bergsteiger gedacht. Ihre Väter wollten die Pionierarbeit des Alpinismus leisten: Hütten- und Wegebau, Sicherungen. Massentourismus war dabei weder geplant noch beabsichtigt. Man wollte nur ein wenig Schutz für den Menschen in den Bergen. Heute aber fühlt sich

der Deutsche Alpenverein (DAV) – früher Deutsch-Öster-
reichischer Alpenverein (DÖAV) – angesichts des ›um-
weltbewußten‹ Rufes nach Schutz der Berge vor dem Menschen manchmal fast überfordert. Zugeständnisse an Masse
und mehr Komfort mußte er freilich machen, um unren-
table Stützpunkte mit Hilfe umsatzstärkerer Häuser erhalten zu können. Trotzdem: Es bleibt ein Verdienst der
Alpenvereins-Organisationen – allen voran der Münchner
Sektionen –, die Zugspitz- und Wetterstein-Gebiete den
unzähligen Bergfreunden zur Freude durch Hütten- und
Wegebau alpin erschlossen zu haben. Mehrere Generationen von Bergsteigern hatten viel Idealismus und viel Geld
investiert, um diese Unternehmungen hartnäckig ans Ziel
führen zu können.

Vor rund 150 Jahren hatten die Münchner Maler die
Schönheit der Berge entdeckt. Ihnen folgten bald bergstei-
gerisch ambitionierte Städter und schließlich sogar König
Max II. und seine Gemahlin Marie. 1853 erreichte die
Forstmeistersgattin Karoline Pitzner als erste Frau den Zug-
spitzgipfel, zwei Jahre später folgte die Baronin Lobkowitz.
Das Reintal wurde zum alpinen Pilgerpfad.

1857 gab es die erste Gratquerung: Der *Kosersepp* (Joseph
Ostler) führte einen Münchner vom West- zum Ostgipfel
der Zugspitze. Auch der berühmte Alpenpionier *Hermann
von Barth* (1845–1876) erstieg 1871 sowohl die Partenkirch-
ner Dreitorspitze, als auch den Schneefernerkopf; zwei
Jahre darauf die Zugspitze. Er hat 22 Wettersteingipfel
bezwungen, darunter beging er erstmals die Leutascher
Dreitorspitze, den Hochblassen, Hochwanner und Ober-
reintalschrofen. Seiner Bergleidenschaft verdanken wir die
Hinterlassenschaft minutiöser Tourenbeschreibungen für
Wetterstein und Karwendel. Im Gebirge erinnern vielerorts
Bezeichnungen an den großen Alpinisten.

Nachdem die Zugspitze 1871 »des Deutschen Reiches

höchster Gipfel« geworden war, begann der Sturm auf die bergsteigerisch schweren Brocken des Massivs. Der selbe Kosersepp bewältigte als Führer mit einem Münchner Bergsteiger 1872 den Abstieg durch das Österreichische Schneekar zum Eibsee, im gleichen Jahr noch fiel die fast 500 Meter hohe Höllentalsteilwand ebenfalls durch Abstieg. Es begannen die Wegebauten des Alpenvereines. Zuerst der Aufstieg von der Knorrhütte zum Gipfel 1873, dann der Steig durch das Österreichische Schneekar 1875 bis 1879, beide gut versichert mit Drahtseil und Eisenstiften. Man könnte sagen, daß die Alpenpioniere mit ihren damaligen ›Eisensteigen‹ schon den Anstoß zu den zahllosen modernen »Ferratas« gegeben hatten, aber ihr Ziel war, Erleichterung für den Hochtouristen zu schaffen mit zünftigen Gipfelzielen, nicht aber Massen anzulocken.

Der direkte Zugspitz-Aufstieg 1895 über das Bayerische Schneekar durch die Nordwestwand unter dem Westgipfel durch *Dr. Hans Gazert* (den späteren Bergwachtbegründer) und *Franz Völker*, war ein weiterer alpinistischer Markstein. Man unternahm auch die ersten Winterbegehungen, mit damals denkbar primitiver Ausrüstung und dem Risikofaktor Lawinengefahr. Die fünf Münchner, die im Januar 1882 die Zugspitze durch das Reintal zum ersten Mal im Winter bestiegen hatten, wurden nach ihrem Erfolg hoch gefeiert. Noch im gleichen Monat gelang dem berühmten Alpenmaler E. Th. Compton mit dem einheimischen Führer Johann Koser der Aufstieg durch das Österreichische Schneekar zum Gipfel, auf dem damals nur eine kleine Hütte Schutz vor dem Wetter bot.

Zum Modeberg wurde die Zugspitze erst nach 1889, als die Eisenbahnlinie bis Garmisch-Partenkirchen führte. Doch zu dieser Zeit waren die meisten Gipfel, viele Wände und einige Grate schon bezwungen. Die ungewöhnliche Hufeisenform des Zugspitzmassivs bietet mehrere mächtige

Gratzüge mit einer Fülle von Gipfeln und Scharten: ein Paradies für anspruchsvolle Bergsteiger und Kletterer. Und gerade diese Routen sind es auch, die bis heute relativ still und unberührt geblieben sind: Es handelt sich dabei grob um die Umrandung des Zugspitzplatts, vom Gipfel bis zu den Gatterlköpfen, weiter über Hochwanner und Scharnitzspitze bis zur Dreitorspitze; auf der anderen Hufeisenseite über die Riffelwandspitze zu den Waxensteinen und schließlich die Längsachse in der Mitte mit dem ›Jubiläumsgrat‹ über die Höllentalspitzen zum Hohen Gaif oder zur Alpspitze, jeweils mit Abstiegsmöglichkeiten über Reintal oder Höllental. Diese Touren sind allesamt sehr anspruchsvoll, langwierig und kräftezehrend.

Franz Resch aus Partenkirchen und *Clement Sam* aus Eschenlohe waren die ersten, die vom Höllental aus im August 1884 die Nordostwand zwischen Riffelscharte und Zugspitze bezwangen. Sie vollbrachten eine echte Pionierleistung auf einer der schwierigsten Routen im Zugspitzstock. Erst 15 Jahre später überschritt *Anton Heinrich* im Alleingang (!) zum ersten Mal von der Zugspitze aus den ganzen Waxensteinkamm. Die erste Winterbegehung dieser Route gelang 1955 den Brüdern *Alfred* und *Heinrich Mather* in fünf Tagen. Inzwischen sind so extreme Winterbegehungen keine Sensation mehr; moderne Ausrüstung machte es möglich.

Eines der anspruchsvollsten Unternehmen im Wettersteinbereich, die Gratüberschreitung von der Zugspitze über Hochblassen zur Alpsitze, gelang erstmals 1897 *Ferdinand Henning* im Alleingang. Damals gab es den mit Sicherungen ausgebauten Jubiläumsweg noch nicht, der wurde erst kurz vor dem Ersten Weltkrieg ausgebaut. Die erste Winterbegehung dieser Route schaffte 1927 eine Dreier-Seilschaft, *W. Hofmeier, Karl Wien* und *Karl von Kraus.* Blassengrat und Jubiläumsgrat vom Stuiben aus bewältigte

erstmals an Weihnachten 1936 *Otto Eidenschink* im Alleingang. Dieser Bergführer aus Uffing, Erstbegeher vieler
schwerster Routen, holte sich dabei Erfrierungen an den
Füßen, hatte aber gleichzeitig eine weitere Pioniertat vollbracht. Die mächtigen Wände der sogenannten Plattumrahmung reizten ebenfalls extreme Alpinisten. Schon im
Jahr 1900 bezwang der erste Meteorologe von seiner Gipfelstation aus den Schneefernerkopf. Die erste Gesamt-
überschreitung der Zugspitze über die Plattumrahmung
und den ganzen Wettersteinkamm schafften 1929 *Georg von
Kraus* und Karl Wien: 28 Kilometer mit 36 Gipfeln an
›einem‹ Tag, eine gewaltige Leistung! Wien, der mit Willi
Welzenbach 1926 den Südwestgrat am Zugspitzeck bewältigt hatte, kam 1937 am Nanga Parbat bei einem Lawinenabgang ums Leben.

Im Hochwinter 1955/56 begingen *Georg Maier* und *Hannes
Niederberger* aus Ulm nach sorgfältigen Vorbereitungen den
ganzen Kamm von Mittenwald aus auf die Zugspitze in der
Gegenrichtung. Sie hatten insgesamt 82 Stunden gebraucht.
Das längste Winterunternehmen schafften im Februar 1959
fünf Männer der DAV-Sektion Oberland: Die Gesamtque-
rung von Blassenkamm und Alpspitze über Zugspitze und
Plattumrahmung bis Mittenwald, 36 Kilometer und 44 Gip-
fel. Sie hatten vorher auf der Strecke mehrere Lebensmittel-
Depots angelegt. Drei der Männer stürzten später bei einer
Anden-Expedition mit einer Schneewächte in den Tod.

Die langen Grate des Zugspitzmassivs mit ihren extremen
Anforderungen für die Kletterer – vor allem noch um 1900 –
sind nur die eine Seite alpinistischer Eroberung dieses
imposanten Gebirgsstockes. Eine zweite Herausforderung
bieten die gewaltigen Steilwände, die von jeher die Bergsteiger gelockt haben. Vielen von ihnen ging es nicht so
sehr um den Ruhm, als erster diese oder jene Wand mit

dem höchsten senkrechten Absturz bezwungen zu haben, sondern das Zugspitz- und Wettersteinmassiv sozusagen als klassisches Übungsfeld vor der Haustüre zu haben, um sich hier für große Unternehmungen in den Zentralalpen, im Himalaja oder in Südamerika zu trainieren und vorzubereiten. Die Namen unzähliger erfolgreicher, berühmter und leider oft auch verunglückter Bergsteiger können mit diesen Wänden in Verbindung gebracht werden. Viele der extremen ›Übungstouren‹ sind nie bekannt, geschweige denn registriert worden.

Nicht zu vergessen: In den Jahren nach dem Ersten Weltkrieg kamen die zünftigen Kletterer oft nur unter größten Entbehrungen zu ihrem Gipfelvergnügen und dennoch blühte der Alpinismus, trotz Notzeiten, Arbeitslosigkeit, Nahrungsmittelmangel und dürftiger Ausrüstung, oder vielleicht gerade deshalb; vielleicht entschädigte das Gipfelvergnügen für so manche Entbehrung. Oft genug strampelten die Bergsteiger mit dem Fahrrad die Strecke zum Berg, ja bis in die Zentralalpen, noch bevor der mühsame Aufstieg begann.

Eine ähnliche Situation herrschte auch nach dem Zweiten Weltkrieg, doch zu keiner Zeit tat dies dem Alpinismus einen Abbruch. Die Hüttenwirte hatten die undankbare Aufgabe, den hungrigen Männern nach schweren Anstrengungen aus einem Nichts an Vorräten eine kräftigende Kost herzuzaubern.

Zwischen 1919 und 1938 ›fielen‹ die meisten Wände des Zugspitzmassivs. Auch die Zahl der Vorläufer war schon enorm gewesen: Hochwanner-Nordwand 1904, Wetterwandeck 1908, Schneefernerkopf-Westwand 1911. Was solche Erstbegehungen damals bedeuteten, macht eine Schilderung anschaulich, die erst zwei Menschenalter später im September 1977 von den Ehrwaldern *Arnold Larcher, Leopold Jeller* und *Wolfgang Fuchs* gegeben wurde, die die Westwand

161

am Schneefernerkopf durchstiegen hatten. Der Münchner Alleingeher *Max Winkler* (Bruder des älteren und berühmteren Georg Winkler) hatte diese tausend Meter hohe Steilwand bereits 1911 bezwungen.

Die drei Ehrwalder erkundeten und wählten 1977 eine besonders reizvolle und heikle Route und setzten zum endgültigen Angriff an. Sie fanden festen Fels, aber auch hohe Schwierigkeitsgrade, vor allem in den letzten Seillängen, die sie als »kriminell gefährlich« bezeichneten (sechster Grad). Insgesamt resümierten sie: »Eine der schönsten Freitouren in den Alpen, tausend Meter herrlichste Felskletterei, eine großartige klassische Tour, die allen Ansprüchen gerecht wird, aber auch hohe Ansprüche stellt«. Und das bei modernster Ausrüstung, von der Winkler nicht einmal hätte träumen können! Die drei Ehrwalder schlugen ›nur‹ 20 Haken und verließen sich im übrigen auf die neuartigen Klemmkeile. Bei so viel ›Schlosserei‹ hatten sie trotzdem zwei Tage für die Wand gebraucht. Das unterstreicht erst recht Winklers großartige Leistung von 1911.

Aber was wäre die Geschichte der Zugspitzwände ohne den Namen des berühmten Münchners *Willi Welzenbach*, der 1934 am Nanga Parbat tödlich verunglückte, nachdem er in 14 Jahren 940 Gipfel bezwungen hatte, darunter etwa 50 bedeutende zum ersten Mal. 1921 hatte bereits eine Vierer-Seilschaft die rund tausend Meter hohe Wetterwand mit Biwak durchstiegen. 1925 und 1926 bezwang Welzenbach die ebenso hohe Zugspitzeck-Westwand und die Südwand der Mittleren Wetterspitze (fünfter Grad) – zwei ungeheuer schwierige besonders steinschlaggefährdete Strecken mit brüchigem Fels – sowie die Nordwestwand der Riffelspitzen.

Eines der bedeutendsten Winterunternehmen an Zugspitzwänden, die Besteigung der Mittleren Wetterspitze, dem südwestlichen Eckpfeiler des Massivs, über die mehr als tausend Meter hohe Wetterkante, fand im Februar 1939 statt: *Otto Eidenschink* aus Uffing und *Hannes Lanig* aus Oberjoch – beide schon erfolgreich in den Zentralalpen, nicht nur durch die Erstbegehung der Eiger-Südostwand – hatten von der Ehrwalder Alm aus den hüfttiefen Schnee bis zum Einstieg vorgespurt, ehe sie am nächsten Tag den vereisten Fels angingen. Auf den letzten 200 Metern hieß es ›äußerst schwierige‹ kaminartige schneegefüllte Rinnen zu überwinden; am vereisten Stein rutschten die genagelten Bergschuhe ab; es wurde eine ›Schinderei‹, doch es gelang. Noch in der Nacht stiegen die beiden zur Knorrhütte ab, am nächsten Tag wühlten sie sich durch den Tiefschnee wieder hinauf zum Gatterl und schließlich hinunter nach Ehrwald. Trotz pausenloser Anfragen lehnte Eidenschink jede Stellungnahme zu diesem Erfolg ab. Er berichtete erst 25 Jahre später über diese Leistung im Jahrbuch des DAV.

Auch heute noch gibt es unbegangene Routen in den Zugspitz-Wänden, die aber nicht unbedingt zu den letzten alpinen ›Sensationen‹ gehören. Manche Wände wurden durchstiegen, ohne daß ihre Bezwinger auch nur ein Wort darüber verloren hätten. ›Echte‹ Bergsteiger ziehen eben die Stille einem Starrummel vor.

Schutz- und Unterkunftshütten sind in jedem Gebirge lebenswichtige Stützpunkte. Aber was wären sie ohne die richtigen Hüttenwirte? Es muß einer schon eine besondere Leidenschaft für die Berge haben, um das entbehrungsreiche und oft gefährliche Leben in einer hochalpinen Hütte durchzuhalten; diesen wenig dankbaren und wenig verdienstbringenden Beruf. Im Zugspitzgebiet jedenfalls ist noch kein Hüttenwirt reich geworden. Manche betätigen sich zudem als Bergführer und Skilehrer. Sie sind sozusagen ›Behelfs‹-Wirte, lieber wären sie auf Tour oder in der Wand. In der Pionierzeit war mancher Handwerker, Tagelöhner oder Kleinlandwirt froh, als Träger beim Hüttenbau, beim Bergbahnbau oder als Hüttenwirt sein Auskommen zu finden. Vor der Jahrhundertwende, dem Beginn des alpinen Zeitalters, waren die Bergbewohner zumeist bitter arm gewesen. Die einstigen Hüttenwirte mußten Lasten noch auf dem Buckel transportieren, bevor Wegebauten, Muli, Jeeps oder Seilbahnen Erleichterung brachten.

Der echte Hüttenwirt sorgt nicht nur für Unterkunft und Verpflegung, sondern steht immer mit Rat und Tat helfend dem Besucher zur Seite. Keiner kennt die Gefahren von Wetter, Lawinen, Steinschlag und vereistem Fels besser als der erfahrene Hüttenwirt. Oft genug heißt es bei alpinen Unfallmeldungen, »trotz Warnung des Hüttenwirtes« seien die Verunglückten auf- oder eingestiegen. Und der gleiche Mann, der als einziger die Hilferufe hören konnte, muß dann Helfer alarmieren oder selbst eingreifen, oft unter Einsatz seines Lebens und meist ohne Dank.

Die bekanntesten deutschen Hüttenwirte heißen seit fast 60 Jahren *Anselm Barth* und entstammen einer alten Partenkirchner Bergführerfamilie, die schon in der dritten Generation das ›Münchner Haus‹ betreut. Alle drei Anselms haben unzähligen Touristen bei schwierigsten Bergungen, meist über dem Höllental, das Leben gerettet. Der erste Anselm stürzte selbst vor der Tür seiner Hütte tödlich ab, der zweite kam bei tollkühnen Rettungsaktionen immer wieder in Lebensgefahr, und erlitt zahlreiche Verletzungen dabei. Als er sich ins Tal zurückzog, meinte er lachend »da Teifi mog mi net«. Dieser trinkfeste Anselm der II. († 1974), ein rauher Hüne mit Bärenkräften, war vier Jahrzehnte lang Gipfelwirt und wurde wegen seines Mutes und seiner Hilfsbereitschaft mit höchsten Ehrungen bedacht; man nannte ihn den »Schutzengel über dem Höllental«. Seit 1983 betreut der Bruder Anselms des III., Hansjörg, zusammen mit Frau Andrea das ›Münchner Haus‹. Mit Sohn Toni ist

164

bereits für Barth-Nachwuchs in der vierten Generation gesorgt.

Kaum weniger Berühmtheit erlangte der Bergsteiger, Hüttenwirt und Retter *Franzl Fischer* († 1975), jahrzehntelang der gute Geist von Oberreintal – und Stuibenhütte, ein Original mit rauher Schale, aber goldenem Herz. Er gehört schon fast der Legende an; unter den Kletterern waren seine saftigen Sprüche ebenso berühmt wie seine kräftigen Suppen. Auch ihm verdankt so mancher Gipfelstürmer sein Leben. *Luggi Kleisl* († 1985), der langjährige Wirt der Knappenhäuser, Bergführer und Erstdurchsteiger schwerer Routen, dazu jahrzehntelang pokalsammelndes ›As‹ auf Skiern, darf in der Liste der mutigsten und bekanntesten Hüttenwirte nicht fehlen. Daneben gibt es noch eine Vielzahl anderer, hilfsbereiter Wirte im Zugspitzmassiv.

Die Bergsteiger haben aber auch den vielen Bergführern zu danken, die die Leute in alpinen Pionierleistungen an alle möglichen und unmöglichen Plätze führen. Nicht selten entwickelten sich daraus lebenslange Freundschaften, entstanden Schicksalsgemeinschaften am Bergseil. So manche Bergführer haben viele hundert, auch schwerste Touren unfallfrei geführt und kannten fast alle Wettersteingipfel. Es gab unter ihnen einige, die stille Rekorde leisteten, ohne Aufhebens, oder Erstbegehungen, die nie registriert wurden. Zwei Namen mögen für viele andere stehen: *Georg Scheuerer* († 1961) aus Garmisch, der auch viele prominente Gäste in der ersten Jahrhunderthälfte geführt hat, und *Hiasl Kuhn* aus Partenkirchen, der einen ganz besonderen Gipfel ›eroberte‹: Mit den deutschen Gebirgsjägern besetzte er im Zweiten Weltkrieg den Elbrus, den höchsten Gipfel im Kaukasus. Der sei bergsteigerisch nicht einmal sonderlich schwierig gewesen, so sein Kommentar.

Je mehr das Zugspitzmassiv technisch erschlossen wurde,

um so weniger brauchte man Bergführer. Sie waren kaum noch gefragt. 1873 gab es die erste Bergführer-Ordnung und bald darauf feste Gebührensätze, weil einige ›schwarze Schafe‹ zuviel Honorar gefordert hatten. Eine noch verbesserte Ausbildung in der zweiten Hälfte unseres Jahrhunderts und der organisierte Massentourismus ließen den Beruf des Bergführers wieder aufleben. Es hatte sich herumgesprochen, daß bei geführten Touren kaum je etwas passiert und das reizte die Besucher der Gipfel. Zudem brachten die Skischulen neue Verdienstmöglichkeiten. Schließlich richtete man im Zugspitzbereich auch Berg- und Kletterschulen für jedermann ein. Der Bedarf an einfacheren, geführten Touren oder Bergwanderungen wuchs wieder beträchtlich – nicht zuletzt werden sie sogar von den Kurorten selbst angeboten. In der Kombination Bergführer/Skilehrer hat dieser Berufszweig überleben können.

Technik und Tourismus

Nur hundert Jahre nachdem Joseph Naus den majestätischen Gipfel des Zugspitzmassivs zum ersten Mal bezwungen hatte, war dieser Berg bereits von der Technik vereinnahmt: Am Beginn des ›Gipfelsturmes‹ standen die Bauten der österreichischen und der bayerischen Zugspitzbahn. Der Zweite Weltkrieg verzögerte zwar die Erschließung, aber schon in den fünfziger Jahren begann der Gipfelsturm von neuem. Forschung, Technik, Tourismus und Geschäft arbeiteten Hand in Hand und trotz wachsenden Umweltbewußtseins ging es besonders ab 1960 verstärkt weiter nach dem Motto: ›An diesem Gipfel ist ohnehin nichts mehr zu verderben, also können dort weitere Bauten genehmigt werden.‹ Notwendigkeiten ließen sich leicht nachweisen.

Den bescheidenen Anfang hatten die idealistischen Alpinisten 1897 gemacht, als sie am Gipfel das ›Münchner Haus‹ einweihten. Sie konnten die Folgen des Fortschritts für Deutschlands höchsten Berg noch nicht ahnen.

Die Wissenschaft bezog 1900 den Gipfelturm. Es galt, Wetterdaten und -prognosen durch exakte Messungen in weltweiter Zusammenarbeit zu erhalten – eine wichtige Errungenschaft für die Industrie- und Freizeitgesellschaft unserer Tage. Da die Zugspitze die benachbarten Berge um rund 1000 Meter überragt, ist sie der ideale Angelpunkt für die Erforschung und Nutzung von Wetter und Klima.

Auch der Tourismus war schon zu Beginn des Jahrhunderts rasant angewachsen, das zeigten die zahllosen Zugspitzbahnprojekte. Der Erste Weltkrieg hatte die technische Erschließung kurzzeitig gebremst. Danach erfolgte der Vorstoß beiderseits der Grenze und der Bau eines Hotels im Gipfelbereich. Der Entwicklung zum touristischen Tummelplatz folgte, nachdem man einen weiteren Krieg überstanden hatte, ein immer dichter werdendes Netz von Skiliften am Platt. Das schneesichere Gebiet zog den lawinenartig anschwellenden Skisport als Massenbewegung magisch an. Bei schätzungsweise sieben Millionen Skifahrern in der Bundesrepublik und immer mehr Freizeitmöglichkeiten für die Bürger konnte Massenbesuch zu allen Jahreszeiten nicht ausbleiben, wenn man den Gipfel sicher, attraktiv und leicht erreichbar machte.

Das Zugspitzplatt – ein Eldorado für Skifahrer. Blick vom neuen Schnell-Restaurant ›Sonn' Alpin‹ auf die Marien-Kapelle. Ein Privatmann stiftete das höchste deutsche Kirchlein (2600 m) zum Dank dafür, daß er sich nach schwerer Krankheit wieder erholt hatte. Oft finden hier Gottesdienste für Bergsteiger und Skifahrer statt.

Josef Erhardt aus Kaltenbrunn stand 1872 erstmals auf der Zugspitze und als Prominenten-Bergführer wohl noch weitere ›tausend Mal‹. Dieser ›Schweizer Bartl‹ bezwang auch die meisten Wettersteingipfel und war König Ludwigs II. Postkurier.

Der Partenkirchner Hiasl Kuhn, einer der legendären Bergführer, wies noch als 80jähriger Touristen den Weg durchs Zugspitzgebiet. Im Zweiten Weltkrieg war er dabei, als deutsche Gebirgsjäger den höchsten Kaukasus-Gipfel (Elbrus) stürmten.

Anselm Barth aus Partenkirchen war Nachfolger seines Vaters als Hüttenwirt des ›Münchner Hauses‹. Über vier Jahrzehnte verköstigte er die Bergsteiger; unzählige in Not geratene Kletterer rettete er und erhielt dafür höchste Auszeichnungen.

Bernhard Schmidt, bis 1975 Direktor der Bayer. Zugspitzbahn AG, war der ›Motor‹ der rasanten technischen Entwicklung im Zugspitzgebiet: Die Eibsee-Seilbahn und das neue Skigebiet der Osterfelder sind Zeugnisse seiner hervorragenden Planung.

Josef Erhardt (>Schweizer Bartl<)

Hiasl Kuhn

Anselm Barth

Bernhard Schmidt

Franzl Fischer

Georg Scheuerer

Adolf Zoeppritz

Luggi Kleisl

Der einzig kapitalkräftige Investor für Projekte im Zugspitzgebiet war die Bayerische Zugspitzbahn AG, die mit ihrer ersten Bahn wirtschaftlich bereits großen Erfolg hatte. Der alpine Massentourismus aber forderte die noch schnellere Erreichbarkeit der Zugspitze vom Tal aus. Eine Seilbahn direkt zum Gipfel bot sich an. Der geschäftsführende Direktor der Bayerischen Zugspitzbahn AG, Diplomingenieur *Bernhard Schmidt*, hatte die waghalsige Idee, vom Eibsee aus mit nur zwei Stützen in einer steilen Trasse eine Seilbahn zum Gipfel zu führen. Das kühne Projekt wurde unter Einsatz modernster technischer Mittel in nur zwei Jahren Bauzeit durchgezogen. Es brachte eine ganze Reihe von Neuentwicklungen im Bereich der Seilbahn-Technik mit sich.

Im Hintergrund stand dabei wieder Konkurrenzdruck: Wie schon 1925 gab es ein Wettrennen zwischen Bayern

Keine Gipfelkühnheit wurde ausgelassen: Auf schwankendem Seil balanciert hier einer der berühmten ›Zugspitzartisten‹ in schwindelnder Höhe von einem Gipfel über den Abgrund zum nächsten. Unter ihm die messerscharfen Grate der Riffelspitzen und der Waxensteine.

◀ *›d'r Fischer Franzl‹ galt als echtes Original: Er war Hüttenwirt der Oberreintalhütte im Wetterstein, Kochkünstler und Bergkamerad, erstklassiger Bergführer und Kletterer sowie bei jeder waghalsigen Bergrettung dabei.*

Georg Scheuerer aus Garmisch, einer der Pioniere des Bergsteigens und Skilaufens, hat viele Bergbegeisterte, auch berühmte, unfallfrei durch die Alpen geführt. Außerdem machte er sich durch einige schwierige Erstbegehungen einen Namen.

Ingenieur Adolf Zoeppritz, Vorsitzender der Alpenvereinssektion Garmisch gab dem Alpinismus im Wetterstein entscheidende technische Impulse: Ihm verdanken wir die Erschließung der Höllentalklamm und den Bau des Kreuzeckhauses.

Der berühmte Partenkirchner Bergführer und Skilehrer Luggi Kleisl, Gründer der örtlichen Skischule, war langjähriger Hüttenwirt der Knappenhäuser, Erstbegeher vieler Gipfel, Bergretter und aktiver Rennläufer, der so manchen Pokal holte.

und Österreich um ein schnelleres Transportangebot für Gipfeltouristen und Skiläufer. Auf bayerischer Seite hatte man bereits durch die Einführung von Schnelltriebwagen auf der Zahnradstrecke Tempo und Kapazität der Beförderung erhöht. Die Tiroler hatten ebenfalls ihre Kabinenseilbahn modernisiert, eine Mittelstation eingerichtet und von der Stütze IV aus eine für gute Skifahrer attraktive Abfahrtsstrecke nach Ehrwald hinunter erschlossen. Von der Bergstation Kammhotel aus war eine Anschlußseilbahn auf den österreichischen Gipfelteil entstanden. Außerdem machte ein Hotelneubau dem Schneefernerhaus an Höhe und Lage Konkurrenz. Die Bayern mußten sich etwas einfallen lassen, um nicht ins Hintertreffen zu geraten und präsentierten den Bau der Gipfelseilbahn vom Eibsee aus.

Es gab Skeptiker, die dem Sechs-Millionen-Mark-Projekt von 1962 wenig Chancen gaben, Unfälle und mangelnde Rendite prophezeiten. Die Bahndaten klangen auch in der Tat monströs: Bei etwa 4,5 Kilometern Bahnlänge und fast 2000 Metern Höhendifferenz nur zwei kirchturmhohe Stützen mit 64 und 85 Metern; ein Tempo des schwebenden Omnibusses mit 44 Fahrgästen von rund 10 Metern pro Sekunde, das heißt zehn Minuten Fahrtdauer bis zum Gipfel. Die größte Seilspannweite beträgt 2600 Meter bei bis zu 46 Grad Neigung, dazu auf dem nur wenige Meter breiten Gipfelgrat zwei hallengroße Einfahrtsschächte mit Bahnhof, Rolltreppen und zuverlässigen Felsverankerungen für die gewaltigen Zuglasten von Seilen und Kabinen auf der südlichen Gegenseite des Gipfelgrates.

Trotz dieser ungeheuer schwierigen Baustelle, vor allem am Gipfel, verliefen die Arbeiten ohne ernste Zwischenfälle. Aber nach der Fertigstellung wurde die Bahn zunächst vom Pech verfolgt: Die Eröffnungskabine mit 44 Ehrengästen blieb aufgrund einer Blockade des elektronischen Bremssystems mitten auf der Strecke, 240 Meter über dem

Abgrund, hängen. Die Eröffnung war schon einmal verschoben worden, weil ein schwerer Sturm einen Seilüberschlag gebracht hatte. Später riß der Orkan ein Tragseil von einer Stütze. Zehn Jahre nach Eröffnung beschädigte eine Lawine die obere Stütze erheblich und weitere drei Jahre später gab es einen Kettenbruch, der die Fahrgäste an der steilsten Stelle über dem Schneekar zwei Stunden lang in der Kabine festhielt – Personen kamen aber nie zu Schaden.

Nach diesen Erfahrungen hat man manche Konstruktionsdetails geändert, auch die Lawinensicherung der Stützen verbessert und sich angewöhnt, diese Bahn mit ihren extremen Seilspannweiten bei Sturm stillzulegen. Trotz der Zwischenfälle wurde die Bahn ein Riesenerfolg. Schon im ersten Betriebsjahr brachte sie 140 000 Fahrgäste zum Gipfel, nach 20 Jahren hatte sie bereits 3,5 Millionen Menschen befördert und hatte an den Seilen insgesamt eine Strecke von 1,6 Millionen Kilometern zurückgelegt.

Der Erfolg war so groß und stärkte die Wirtschaftskraft der Bayerischen Zugspitzbahn AG derart, daß sie schon zehn Jahre nach dem Bau dieser Bahn ein weiteres Riesenprojekt in Angriff nehmen konnte: Die touristische Erschließung der Osterfelder am Fuße der Alpspitze mit zwei Seilbahnen und vier Schleppliften. Dieses Projekt finanzierte aus sich selbst wiederum weitere Skilifte auf dem Platt und die nächsten Großprojekte: den Bau eines fast tausend Meter langen Tunnels für eine Abzweigung der Zahnradstrecke im Berg durch den Gletscher; dazu den Bau eines unterirdischen Bahnhofs mitten im Skigebiet, im Zentrum des Liftnetzes. Darüber an späterer Stelle mehr.

Die Ideen geschäftiger Planer kennen offenbar keine Grenzen. Sie sorgen immer wieder für Zugspitzschlagzeilen. Auf Tiroler Seite hatte man 1980 etwas Sensationelles angekündigt: Den Entwurf eines etwa 700 Meter langen Tunnels zwischen Platt und Skigebiet über der Ehrwalder

Alm, um die Gatterlskiabfahrt zu vereinfachen und Lawinenhänge zu umgehen beziehungsweise zu unterfahren. Doch dieser Plan eines fünften Tunnels im Massiv blieb ›mangels Masse‹ Illusion.

Spekulation war auch Deutschlands höchste Schwimmhalle, ein Projekt der Bayerischen Zugspitzbahn AG von 1970. Mit 50 Metern Länge, Turnhalle und Liegeraum sollte sie dem Schneefernerhaus aufs Dach gesetzt werden. Kluge Köpfe dachten an ein ›Höhen-Leistungszentrum‹ Zugspitze. Als Aprilscherz entpuppte sich 1980 der sensationelle Plan eines Höhenflughafens am Gipfel, mit Schneefernerhaus als Flughotel und dem Terminal einer Magnetschwebebahn, die man von Grainau aus im Felsen hochführen wollte. Die steilen Platt-Flanken wären Start- und Landebahn geworden.

Realisiert aber wurden in den 80er Jahren Deutschlands höchstes Selbstbedienungsrestaurant am Platt und dicht daneben die ›höchste‹ Kirche, die von einem Unternehmer gestiftete Marienkapelle. In ihr fand am 12. Dezember 1981 die erste kirchliche Trauung in rund 2600 Metern Höhe statt. Ein 24jähriger Elektriker und seine 22 Jahre alte Freundin gaben sich, umbraust vom Schneesturm, vor dem Marienaltar das Jawort.

Weniger schön, aber vom Massentourismus ›dringend benötigt‹, war die Toilettenanlage inmitten des Skigebietes. Aus hygienischen Gründen entschied die Behörde schließlich den Bau einer Kläranlage, um das unter dem Platt liegende Quellgebiet der Partnach nicht zu gefährden und um die ›braune Rinne‹ an der nördlichen Steilwand unterhalb des Gipfelaufbaues endlich verschwinden zu lassen. Erst nach Fertigstellung der höchsten deutschen Kläranlage wurde das Restaurant am Platt errichtet.

Rekorde – Sensationen – Superlative

Wo kann man in Deutschland Sand aus der Sahara sehen? Antwort: Auf der Zugspitze. Und wo in Deutschland konnte man je Rentiere erleben? Antwort: Auf der Zugspitze. Auch solcherlei Seltsamkeiten gehören in die Chronik über den höchsten deutschen Berg. Daß der Saharasand aus Afrika kommt und ein Wetterphänomen ist, wurde bereits geschildert.

Rentiere, das heißt, einige Exemplare, wurden nach 1930 als Attraktion direkt aus Lappland importiert und aufs Platt verfrachtet, zusammen mit Lappen, ihren Zelten und Polarhunden, und erfreuten für einige Zeit die Gipfeltouristen.

Schon der Panorama-Rundblick von Deutschlands höchster ›Zinne‹ ist einsame Spitze: Von der Zugspitze aus sollen bei guter Fernsicht bis 200 Kilometer weit rund tausend Alpengipfel – gezählt hat man sie wohl nie – zu sehen sein, vom Ortler bis zum Säntis, ja bis zum Bayerischen Wald und Schwarzwald.

Kein Wunder, daß ein so prominenter Berg auch die ›Prominenz‹ magisch anzieht. Gipfelphotos sind eine Pflicht für jedermann: Gekrönte Häupter, Regierungschefs, Minister und Manager, Stars und Künstler erwiesen dem Berg ihre Reverenz. Modeschauen, Theatergastspiele, Jazz-Konzerte, Werbekampagnen und Wahlkundgebungen, Gottesdienste und Silvesterfeiern mit Raketen-Illumination – das alles mußte der Berg schon über sich ergehen lassen.

Unter den Tausenden von Gipfelbesuchern, die an schönen Tagen die Zugspitze stürmen, hat es so manchen gegeben, der hier plötzlich zur Sensation wurde. Der wahrscheinlich älteste Gast war die 101jährige Elisabeth Reindl aus Bad Kohlgrub, die an einem strahlenden Herbsttag 1957 zur Sonntagsmesse ins Schneefernerhaus fuhr und sich mit Standkonzert und Gipfellikör im ›Münchner Haus‹ feiern ließ; und das alles ohne jegliche körperliche Beschwerden. Ihr sehnlichster Wunsch hatte sich erfüllt: Hundert Jahre lang hatte sie den Berg nur von unten gesehen! Oder jener seit 30 Jahren blinde Berliner Holger Baasch, der im Oktober 1982 55jährig nach neunstündigem Aufstieg, mit Begleitern von Ehrwald aus, den Gipfel erreichte, das Kreuz liebevoll streichelte und gar nicht mehr loslassen wollte, so selig war er über diesen Höhepunkt in seinem dunklen Leben. Er hörte den Föhnsturm heulen, Bergfinken zwitschern, Dohlen kreischen und das Pfeifen der Murmeltiere ebenso wie das dumpfe Rumoren der Seilbahn-Motoren.

Doch die berühmtesten Zugspitzbesucher waren jene tollkühnen Männer, die mit ihren Hochseilakten die Öffentlichkeit in Atem hielten und Bewunderung erregten. Höchste Artistik in doppeltem Sinn begeisterte in ihrer Abenteuerlichkeit: Erstmals im September 1949 wurden die Seile zwischen Ost- und Westgipfel über hundert Meter weit ausgespannt und die ›Zugspitzartisten‹ tänzelten mit der schweren Balancierstange langsam, Schritt ›vor‹ Schritt, über den gähnenden Abgrund. Sie wurden umjubelt, wenn sie am Ende wieder auf festem Boden standen. Und wenn sie mit dem Motorrad zur Seilmitte fuhren, um dort, im Gestänge hängend, abenteuerliche Übungen zu zeigen, dann hielt das Publikum den Atem an. Der erste dreifache

Motorrad-Salto um die Seilachse gelang im Juli 1953 den Artisten *Alfred* und *Henry Traber.*

Flugzeuglandungen und Segelflugstarts hatte die Zugspitze in den zwanziger Jahren bereits erlebt. Im April 1931 unternahm der Münchner Architekt *Heldmann* den ersten hochalpinen Ballonstart vom Platt aus. Es war ein riskantes Unterfangen, sind doch Böen und Fallwinde unberechenbar. Doch er hatte gut beobachtet und eine Portion Glück gehabt: Einige hundert Meter über dem Platt erfaßte ein steter, nicht zu starker Nordwind den kühnen Ballonfahrer und trieb ihn zu den Zentralalpen. Nach gut zwei Stunden landete er unbeschadet am Plattkogel in den Stubaier Alpen.

Am 27. Februar 1985 erfolgte die erste Invasion aus der Luft über der Zugspitze: 35 Soldaten der deutschen Bundeswehr sprangen mit ihren Fallschirmen aus 400 Metern Höhe über dem Platt ab und landeten ohne Probleme.

Eine sportliche Gipfelsensation war auch jener erste alpine Drachenflug, mit dem der Amerikaner *Mike Harker* (26) am 16. April 1973 die Epoche des Drachensegelns in Europa einleitete. In Amerika hatte er bereits durch seine riskanten Flüge an Steilküsten Berühmtheit erlangt, als er mit seinem 25 Kilogramm schweren Hängegleiter vom Schneefernerhaus aus zum zweiten Versuch ansetzte. Zwei Wochen hatte er wegen schlechten Wetters schon warten müssen. Am 16. April um 11.20 Uhr hatte er endlich Gelegenheit zu einem alpinen Rekord: Zwischen Nebelfetzen und Windböen gab es plötzlich etwas ruhigere Luft. Und schon zischte der mutige Kalifornier, von Funksprechverkehr über Helicopter informiert, auf Skiern auf den Abgrund jenseits der Scharte am Schneefernerkopf zu. Er wußte, was ihn erwartete: An der 2000 Meter hohen Steilwand des Massivs Aufwinde wie in einem Kamin, die ihn emporreißen, oder Fallböen, die ihn hinunterziehen würden. Es waren schließlich Fallwinde, die ihn 50 Meter durchsacken ließen. Ein weniger Erfahrener hätte den Drachen übersteuert und wäre in den sicheren Tod gestürzt. Harker aber fing sein Gerät geschickt ab und – schwebte. Er sang vor Freude. Zwölf Minuten später landete er mustergültig am vereinbarten Punkt auf einer Wiese bei Ehrwald.

Die Sensation ging um die Welt; auch in Europa war nun das Drachenflug-Fieber ausgebrochen. Nur acht Jahre später hatte sich das Drachenfliegen sogar zu einem alpinen Breitensport entwickelt: Sommer wie Winter schweben die Vogelmenschen über die Alpentäler. Sie starten meist in Höhen zwischen 1500 und 2000 Metern. Die Hängegleiter haben sich im Laufe der Zeit zu ausgereiften Fluggeräten entwickelt; es werden Meisterschaften geflogen, imposante Höhen- und Dauerrekorde aufgestellt.

Im Juni 1981 unternahm der amerikanische Stuntman *Steve McPeak* (36) ein weiteres unerhört sensationelles Zugspitz-Wagnis: Er wollte auf dem Seil der Bergbahn mit bis zu 46 Grad Neigung vom Eibsee aus zum Zugspitzgipfel hinaufgehen – barfuß! Sein Name tauchte schon mehrfach im ›Guinness-Buch der Rekorde‹ auf; er hatte die längste Drahtseilstrecke mit dem größten Höhenunterschied bereits bewältigt; er war am Zuckerhut bei Rio in schwindelnder Höhe balanciert. Zum Einstieg und Training überquerte er ein zwischen Ost- und Westgipfel der Zugspitze gespanntes Seil in einer Rekordzeit von fünf Minuten. Auch hatte er sich bereits mehrere Tage auf dem steilen Seil der Bergbahn mit Balancierakten vergnügt. Bei seinem fünften Anlauf schaffte er 2400 Meter auf einem der armdicken Tragseile bis zu 400 Meter über die zweite Stütze hinaus bei 33 Grad steiler Neigung. Der Rekord war perfekt. Er habe schon bis zu 39 Grad geschafft, sagte der Seilartist trocken, als er von der Kabine aufgenommen wurde und seine 16 Meter lange Balancierstange verstaute. Eigentlich hatte er die ganzen 4,5 Seil-Kilometer bis zum Gipfel gehen wollen, aber die 46 Grad Neigung im obersten Abschnitt wird wohl nie jemand bewältigen können ...

Es hagelte geradezu Zugspitzrekorde aus Sportgeist, Werbegag oder einfach aus Jux. Schon 1932 kam der arbeitslose Kellner *Fritz Siegel* aus der Pfalz nach monatelanger Wanderschaft ohne Geld und Schuhe barfuß durch das Höllental und über den Gletscher zum Gipfel. Seine Füße sollen ziemlich zerschunden gewesen sein, aber nicht erfroren. Vom Schneefernerhaus zum Gipfel versuchte es 1980 wieder ein zwanzigjähriger barfüßiger Bergsteiger; angeblich scheiterte sein Versuch. Aber in leichten Sandalen war bereits im Juli 1935 der damals 19jährige *Gustl Hagen* aus Mittenwald durch das Höllental zum Gipfel gerast. Er hatte sich keine Bergstiefel leisten können. Nach der gefährlichen Schinderei reichten seine 60 Pfennige gerade für eine Erbswurstsuppe, ehe er, immer noch in Sandalen, über Schneeferner und Reintal zurückmarschierte. Eigentlich sei dieser ›Jugendstreich‹ ›unverzeihlicher Blödsinn‹ gewesen, meinte der später sehr erfolgreiche Bergsteiger (über 600 Gipfel!) und warnte eindringlich vor derlei Experimenten.

Die erste Autoschau mußte sich die Zugspitze 1948 gefallen lassen: Ein findiger Unternehmer hatte einen italienischen Wagen per Bahn zum Schneefernerhaus hinaufbringen lassen. 1951 ratterte ein Stuttgarter Journalist mit einem Photographen als Sozius auf einem Motorrad die Gleisstrecke der Zahnradbahn zum Hotel hinauf. Die erste Autofahrt auf dieser Strecke unternahmen im Frühjahr 1979 einige einheimische Burschen, die ungenannt bleiben wollten, weil sie ohne Genehmigung mit dem Geländewagen die Gleise befahren hatten und eine Anzeige befürchteten.

Schließlich wollten es auch die Radfahrer wissen: 1979 schob und trug ein Radsportler sein Fahrzeug durch das Reintal über das Platt zum Hotel und fuhr mit dem Zug zurück. Zu dieser Zeit war der jüngste Zugspitz-Hüttenwirt *Anselm Barth* einer Wette zuliebe Gipfel-Radfahrer geworden: Er schleppte seinen Drahtesel über das Platt hinunter und fuhr durch das Reintal nach Partenkirchen. Die ersten Fahrräder am Zugspitzgipfel selbst sah man im Juni 1980: Zwei Radfahrer ließen sich mit ihren Velos am Gipfel photographieren. Dabei hatten sie die Räder mit der Bahn heraufgebracht.

Kann man es für möglich halten, daß ein Mensch mehr als tausend Mal auf die Zugspitze gestiegen ist? Es gab diesen Mann tatsächlich. Er hieß *Johann Erhardt,* stammte aus Kaltenbrunn bei Partenkirchen und wurde »*Schweizer Bartl*« genannt nach seinem aus dem Engadin ›zuagroasten‹ Großvater. Johann (* 1857) war als junger Bursche ein begnadeter Jodler und präsentierte seine Kunst alljährlich auf dem Münchner Oktoberfest. Der stämmige Wirts- und Bauerssohn hatte 1872, 52 Jahre nach der Erstbegehung, zum ersten Mal die Zugspitze bestiegen.

Der ›Bartl‹ verdiente sich sein Geld als Lastenträger für die Hüttenbauten im Zugspitzgebiet. Später wurde er Bergführer, schleppte statt Lasten prominente und ›geldige‹ Kunden am Seil über die Wettersteingipfel und wurde Kurier für Ludwig II., der ihn jedesmal mit Handschlag begrüßte, wenn der Bartl für den König Post zum Jagdschloß Schachen hinaufgetragen hatte. Als der Johann mit dem Bergführen aufhörte, hatte er bestimmt tausend Zugspitz-Besteigungen »oder vielleicht hundert mehr« hinter sich und eine Strecke von mehr als 4000 Kilometern rauf und runter zurückgelegt. Nie war ihm etwas passiert; eines der prächtigsten Originale des Werdenfelser Landes: Und – er war Vater von 18 Kindern. Der hatte es mit den ›Rekorden‹!

Große Leistungen haben auch alle jene vollbracht, die es ungeheuer eilig hatten, auf den Gipfel zu kommen. Manche

Rekordzeiten einheimischer Schnellgeher wurden nie bekannt, denn meist wollten die Burschen nur Wetten gewinnen oder ihren Kameraden imponieren. Sie rannten tatsächlich gipfelwärts, das heißt im Laufschritt. Die Sucht begann 1871 mit dem Buchhändler *Heinrich Waitzenbauer*, der einen Fernrekord aufstellte: Von München aus mit dem ›Stellwagen‹ bis Partenkirchen – es gab noch keine Eisenbahn –, dann durch das Reintal zum Gipfel und wieder zurück. Er brauchte 36,5 Stunden zwischen dem 14. und 16. Oktober. Normalerweise dauert der Aufstieg von Partenkirchen durch das Reintal hinauf gute acht bis neun Stunden; von Ehrwald aus vier Stunden, vom Eibsee sechs und von Hammersbach durchs Höllental etwa sieben Stunden. Nur ganz geübte Bergsteiger schaffen es in fünf Stunden.

Auch den amerikanischen Schnell-Bergsteiger *Willy Schmidt* aus Brooklyn reizte die Zugspitze. Er wollte noch schneller sein und schaffte die Strecke Knorrhütte – Gipfel 1950 in zwei Stunden und 15 Minuten. Die normale Gehzeit liegt bei drei Stunden.

Der Schnellste der Schnellen war der 20jährige Zimmermann *Willi Grigoleit* aus Entenbach bei Kaiserslautern. Er bewältigte am 23. August 1955 den anspruchsvollen Aufstieg von Hammersbach durchs Höllental zum Schneefernerhaus in drei Stunden. Weil er keine Zeugen dafür hatte, wiederholte er seinen Rekord am nächsten (!) Tag mit der Stoppuhr: 10.30 Uhr Start Hammersbach, 10.50 Uhr Eingang Höllentalklamm, 13.30 Uhr Schneefernerhaus.

Ihnen allen stahl der mehrfache Berglauf-Weltmeister *Kurt Lauen* aus Garmisch-Partenkirchen die Schau: Mit 43 Jahren lief er, begleitet von seinem Mittrainer *Wolfgang Plümpe* (40), im Dezember 1979 vom Eibsee aus in 58 Minuten auf der Gleisstrecke der Zahnradbahn zum Schneefernerhaus. Das waren 8100 Meter Strecke mit durchschnittlich 28 Prozent Steigung und 1650 Metern Höhendifferenz. 4,5 Kilometer mußten im Tunnel zurückgelegt werden; und alles auf schwer begehbarem Gleis-Schotter! Der Lauf-Asket Lauen war als junger Mann viel zu dick gewesen und hatte sich deshalb diesen Sport zum Abnehmen verordnet. Sein unerbittliches Training in den Bergen rund um Garmisch brachte ihm internationalen Erfolg. Sein Beispiel heizte in Europa den Berglauf spürbar an. Er entwickelte sich zu einer Wettkampfdisziplin, vor allem im Zugspitzgebiet.

Ungeheuer eilig hatten es auch die anonymen Rekordler des Zugspitzgebietes, die auf keinen Fall entdeckt werden wollten. Gemeint sind die Schmuggler. Das ›Schwärzen‹ über die ›Grüne Grenze‹ war im vorigen Jahrhundert ein beliebter Sport und Gelderwerb gewesen. Die Zölle, beispielsweise für österreichische Seide, waren so hoch, daß sich das Schmuggeln gewaltig rentierte.

In Notzeiten und nach dem Zweiten Weltkrieg wanderten dann eher Lebensmittel, Zigaretten, Alkohol oder Rasierklingen über die ›Schwärzersteige‹. Das Versteckspielen mit den Zöllnern konnte in manchen Fällen tödlich enden. Das Lastenschleppen über die schwierigen Steige im Wettersteingebirge war eine harte Sache und bitter die Enttäuschung, wenn Höhlenverstecke von Zollbeamten entdeckt oder gelegentlich auch verraten wurden. Dieser heimliche ›Krieg an der Grenze‹ war zeitweilig ähnlich abenteuerlich wie die von vielen so zäh betriebene Wilderei.

Seit der Zeit, da der Meteorologe *Joseph Enzensperger* im Juli 1900 mit seinen Skiern Einzug im Gipfelturm der Wetterstation gehalten hatte, gab es Skifahrer auf der Zugspitze. Die Brüder *Anton und Viktor Heinrich* hatten bereits 1893 das Kreuzeck und die Osterfelder mit Skiern bestiegen. Enzensperger hauste schon ein halbes Jahr einsam auf dem Gipfel, als Anton Heinrich im Winter 1901 die Erstbesteigung der Zugspitze auf Skiern gelang. Der gelernte Friseur hatte drei Tage lang durch tiefsten Schnee spuren müssen, um dem Wetterwart am Gipfel die verwilderten Haare schneiden zu können!

Ausgesprochen gefährlich waren andere Pionierleistungen auf Skiern. Der Polizeimeister *Franz Pritzl* aus Garmisch-Partenkirchen, Angehöriger der Bayerischen Grenzpolizei, war viele Jahre auf der Zugspitze stationiert. Er fuhr zusammen mit Ehrwalder Freunden sogar die Steil-Abfahrt vom Schneefernerkopf durch die sogenannte ›Neue Welt‹ nach Ehrwald hinunter. Die Strecke ist so steil, daß stellenweise abgeseilt werden mußte. Auch der Bergführer und Skilehrer *Luggi Kleisl* hat diese Abfahrt bewältigt.

Noch wilder trieben es drei Münchner Skifahrer, die im April 1982, ebenfalls mit den Kurzskiern der ›Extremen‹, den bisher als unbezwingbar geltenden Steilhang unter der Irmer Scharte zum sogenannten ›Brett‹ (etwa 50 Grad steil) abfuhren, zum Riffelkar querten, über die Riffelscharte wieder aufstiegen und von dort über Riffelriß zum Eibsee abfuhren. Beobachter hatten die Polizei alarmiert, weil man die drei Männer für Todeskandidaten hielt. Im Februar 1985 bewältigten wieder zwei Münchner, ein Skilehrer und ein Student, die gleiche Route über den Höllentalferner mit speziell ausgerüsteten Loipenskiern.

Massenalpinismus und Unfallgefahr

Moderne Bergrettung

Sensationen rund um die Zugspitze gibt es, wie wir sahen, genug.

Kaum jemand spricht aber über jene ›stillen‹ Rekorde, die die Männer der Bergwacht seit mehr als 50 Jahren leisten. Ohne sie wäre der moderne Alpin-Tourismus nicht denkbar, ohne ihre aufopferungsvolle Hilfsbereitschaft, mit der sie unzählige Leben retteten. Eine nicht immer einfache Aufgabe, bei der sie öfter Undankbarkeit, ja sogar Kritik ernten.

Methodik, Gerätschaft und Organisation der Bergrettung haben sich im Zuge des unaufhaltsamen Massentourismus rasant weiterentwickelt. Die Helfer kommen aus allen Schichten der Bevölkerung – Handwerker und Landwirte, Beamte, Firmenchefs und Ärzte. Viele sind zugleich aktive Mitglieder beim örtlichen Roten Kreuz. Sie opfern so manches Wochenende dem Dienst der Bergwacht. Bergsteigerische Leidenschaft und Hilfsbereitschaft sind hier eine lebensrettende Symbiose eingegangen.

Ob es nun Abgestürzte sind, Skilauf-Verletzte oder Steinschlag-, Wettersturz- und Lawinenopfer; ob es sich um Bruch-, Organ-, Kreislauf- oder Kälteschäden handelt: Helfer und Ärzte gewinnen aus fast jedem Fall neue Erfahrungen, die den folgenden Verunglückten zugute kommen und eine immer noch bessere Hilfe garantieren. Vor allem über Erfrierungen und Kälteschäden, die man nur an Unglücksopfern im Hochgebirge studieren kann, hat man unter Leitung des langjährigen Landesarztes der Bayerischen Bergwacht im Roten Kreuz, *Dr. Gottfried Neureuther,* viele neue wertvolle Erkenntnisse gewonnen, die insbesondere bei großen Himalaja-Expeditionen angewandt werden können.

Betrachtet man nur die Entwicklung neuer Geräte: aufblasbare Schienen für Brüche, stoßfreie Lagerung Verunglückter mit schonender Fixierung, langsames ›Auftauen‹ von Unterkühlten, oder die Erfindung des drallfreien Stahlseiles, an dem die Helfer sicher hinab und die Opfer schonend heraufgebracht werden können.

Und leichtsinnige Touristen sind auch auf der Zugspitze keine Seltenheit. Jedermann kann den Gipfel heute bequem erreichen und viele der sonnenanbetenden und panoramasüchtigen Menschen haben keine Ahnung von alpinen Problemen und Gefahren. Das fängt schon damit an, daß nicht jeder menschliche Organismus mit der Seilbahn fast 2000 Meter Höhenunterschied in knapp zehn Minuten bedenkenlos überwinden kann. Für schwer kreislaufgeschädigte Großstädter ohne jedes Höhentraining kann das sogar lebensgefährlich sein. Viele empfinden die 3000 Meter-Marke als kritische Zone; ihr Kreislauf unterliegt dann einer erheblichen Mehrbelastung. Es gibt immer wieder Fälle, bei denen ›Gipfelstürmer‹ sich zuviel zugemutet haben und dies mit schweren Herzattacken büßen mußten. Höhenkonsum will wohlbedacht sein.

Die hochalpinen Gefahren haben sich trotz aller modernen Technik und Vorsorge nicht total beseitigen lassen. Auch früher hat der Berg schon viele Opfer gefordert. Die Gletscher und der ewige Schnee, Schluchten und unzugängliche Spalten haben trotz modernster Bergungsmethoden so manchen Toten nie wieder hergegeben.

1879, in den Anfängen des Alpin-Tourismus, riß eine abstürzende Touristin ihren Bergführer am Seil knapp unterhalb des Gipfels mit in die Tiefe; er starb auf dem Schneeferner. Im Österreichischen Schneekar stürzte 1895 ein Berliner Tourist am Seil zusammen mit seinem Bergführer in den Abgrund und starb selbst dabei. Sicherungs- und Rettungstechnik waren damals weit weniger gut entwickelt. Auch heute noch bedeutet ein abstürzender Tourist oft höchste Gefahr für den Bergführer oder die ganze Gruppe. Die Erfindung der Kunststoff-Seile kann wenigstens den gefürchteten Seilriß verhindern. Noch 1925 stürzte, ebenfalls im Österreichischen Schneekar, eine deutsche Touristin beim Abstieg ins Seil. Der Bergführer hatte zwar festen Stand, doch das Seil riß; die Frau fand den sicheren Tod.

Leichtsinn, fehlende oder falsche Ausrüstung, Überschätzung der eigenen Kraft und die Fehleinschätzung der Wetterrisiken sind nach wie vor die häufigsten Ursachen für alpine Unfälle im Zugspitzmassiv. Nicht selten schlägt der Bergtod unbarmherzig zu. Erstaunlich uninformiert gehen auch heute noch unzählige Touristen ins Gebirge. Sie halten den Aufstieg durch das Höllental oder den Abstieg über die Riffelwände für Spaziergänge. Selbst die sehr anspruchsvolle Klettertour über den ›Jubiläumsweg‹ wird manchmal in voller Ahnungslosigkeit oder sogar bei schlechtem Wetter angegangen. Letzteres führte in jüngster Zeit zu einem der tragischsten Unfälle: Der Garmisch-Partenkirchner Bergretter Werner Lercher, ein hocherfahrener, frischverheirateter Alpinist, stürzte 1979 durch Bruch einer Schneewächte in den Tod: Er hatte zwei Studenten in einer überaus schwierigen Rettungsaktion bergen wollen. Danach wurde die Bezeichnung ›Jubiläumsgrat‹ eingeführt, um nicht durch eine harmlose Namensgebung falsche Vorstellungen zu wecken.

Das Höllental war von jeher gefährlich und ist es heute noch: 1918 waren sechs leichtsinnige Touristen, darunter drei Frauen, trotz schlechten Wetters durch die Klamm aufgestiegen und nie mehr zurückgekommen; 1920 starben in der Höllentalwand vier Touristen bei einem Unwetter durch mangelnde Erfahrung; 1922 wurden fünf Menschen, drei über dem Österreichischen Schneekar und zwei über dem Höllental, Opfer eines Schneesturmes. Es gab und gibt immer wieder Tote über dem Höllental. Auch in jüngster Zeit nimmt der Leichtsinn nicht ab, man unterschätzt den kräfteraubenden Anstieg und die Schwierigkeiten. Die besten Sicherungen wie Seile, Leitern oder Tritteisen können nicht helfen, immer wieder stürzen Touristen auf den Höllentalferner hinunter oder in die Randkluft mit ihren rund 40 Metern Tiefe und mehreren Metern Breite.

Solche Unfälle passieren meist bei schlechtem Wetter und provozieren dann überaus riskante Bergungs-Aktionen. In der Anfangszeit des Alpinismus mußten die Bergführer selbst die ungeheuer strapaziösen, oft nächtlichen Anstiege unter größter Gefährdung auf sich nehmen, um Abgestürzten oder Lawinenverschütteten schnell helfen zu können. Diese zeitraubenden Aktionen haben so manche Rettung verhindert. Selbst in den zwanziger Jahren, nach Gründung der Bergrettungsdienste, waren die Erfolgschancen trotz der vielen ehrenamtlichen Helfer bei manchen Rettungsmaßnahmen sehr gering. Kenner der Berge können die stillen Höchstleistungen dieser Helfer nur zutiefst anerkennen und bewundern.

Die moderne Technik und die organisierte Bergrettung im Zugspitzmassiv haben die Überlebenschancen Verunglückter ungeheuer erhöht. Der entscheidende Schritt war die Einführung des Hubschraubers als Rettungsgerät. Bei einem der ersten Flugeinsätze im Alpenraum 1965 wollte man zwei am Schneefernerkopf vermißte Bundeswehrsoldaten aus Mittenwald retten. Sie waren abgestürzt und konnten leider nur noch tot geborgen werden; aber der Großeinsatz von Such- und Bergungshubschraubern brachte eine entscheidende Erfahrung: Man kann nun Abgestürzte schnell orten und schnell zu ihnen gelangen. Die neue Rettungsmethode bedeutet, daß der Hubschrauber in der Luft ›stehenbleibt‹, von ihm aus Helfer am Stahlseil zum Verunglückten heruntergelassen werden und ihn mit zur Maschine hinaufnehmen können. Die Schnelligkeit solcher Bergungen und der damit verbundene sofortige Flug des Verletzten zum Krankenhaus sind oft lebensrettend. Dabei arbeiten Militär und Bergrettung beiderseits der Grenzen rund um das Zugspitzmassiv eng zusammen.

Die Bewohner haben sich längst an das Geräusch und den Anblick der über den Gipfeln schwebenden Helicopter gewöhnt. Die Hubschrauber-Piloten haben die Männer der Bergwacht sehr entlastet, riskieren aber selbst dafür um so mehr: Sie müssen häufig bei schlechtestem Wetter die waghalsigsten Manöver fliegen, durch Wolkenlöcher hindurch, um an Verunglückte heranzukommen. Es erscheint fast wie ein Wunder, daß sich trotz der Häufigkeit solcher Einsätze, gerade im touristisch überbevölkerten Zugspitzgebiet, in 20 Jahren Luftrettung noch kein ernster Zwischenfall ereignet hat.

Vor einigen Jahren fuhr ein leichtsinniger, allzu waghalsiger Skiläufer am Platt von der Bergstation des Schneefernerkopf-Liftes aus so riskant in den Hang hinein, daß er die Skier nicht mehr lenken konnte und in den fast 2000 Meter tiefen Abgrund stürzte, unter dem Ehrwald liegt. Da gab es keine Rettung. Auch das in den achtziger Jahren neu erprobte 600 Meter lange Helicopter-Stahlseil hätte ihm nicht mehr helfen können.

Erwähnenswert sind auch einige jener eher schicksalhaft anmutenden Zugspitzunfälle. Im Juli 1982 stieg eine ganze

Karawane von Gipfelstürmern durch das Höllental zur Zugspitze auf, als sich bei eigentlich schönem Wetter urplötzlich eine Gewitterwolke bildete. Ein einziger Blitz schlug dicht unter dem Gipfel zwischen eine aufsteigende Gruppe in das eiserne Sicherungsseil dieser ausgesetzten Stelle ein. Eine 32jährige Frau war sofort tot, acht Touristen erlitten einen Schock oder Brandwunden, zwei Männer stürzten in das Kar unter der ›Irmer Scharte‹ und starben dort. Einer fiel sogar bis zur Randkluft des Höllentalferners hinunter und konnte erst nach mehreren Suchaktionen geortet und geborgen werden. Zwei Fehleinschätzungen hatten mitgespielt: Man war zu spät aufgestiegen, obwohl eine Gewitterneigung zu erwarten war, und man ging zu dicht hintereinander in der Karawane.

Schicksalhaft freilich war jenes Lawinenunglück, bei dem 1952 vier Beamte der bayerischen Grenzpolizei und ein junger österreichischer Skifahrer am Anfang der Abfahrt vom Zugspitzplatt nach Ehrwald, am sogenannten ›Gatterl‹, tödlich verunglückten. Die Beamten hatten den Auftrag, zu erkunden, ob zu Weihnachten die beliebte Skiabfahrt freigegeben werden könne. Ihr Tod im Dienst gab den Anlaß für die ›Gatterlmesse‹, die alljährlich dort zum Gedenken an alle Bergopfer stattfindet.

Der 15. Mai 1965, ein strahlender Föhntag, brachte Bayern die größte alpine Katastrophe der Zugspitzgeschichte: Eine Riesenlawine, die vom Grat des Zugspitzgipfels über das Hotel Schneefernerhaus donnerte, Gäste von der Sonnenterrasse mit sich riß und noch am Platt in ihren bis zu 15 Meter hohen Schneemassen zahlreiche Skifahrer begrub. Zehn Tote und 21 zum Teil schwer Verletzte waren die fürchterliche Bilanz dieses Dramas.

Auf die Bayerische Zugspitzbahn AG als Betreiber von Hotel und Liftanlagen rollte anschließend eine juristische und strafrechtliche Lawine zu. Doch die Gerichte entschieden in zwei Instanzen auf »unvorhersehbare Naturkatastrophe«.

Die Zugspitz-Katastrophe hatte auch ein Gutes: Sie schlug derart Alarm, daß sofort mit dem Aufbau eines Lawinenwarndienstes begonnen wurde und eine intensive Lawinensicherung der Skigebiete, nicht nur in Bayern, vorgenommen wurde. Man installierte Anlagen für vorsorgliche Lawinensprengung.

Der Tag des Unglücks war ein Samstag gewesen. Auf dem Platt und den Sonnenterrassen hatte Hochbetrieb geherrscht. Bedingt durch den Föhn war das Thermometer auf 26 Grad Celsius geklettert und ein besonders schneereicher Winter hatte immer noch stellenweise über sechs Meter Schnee zurückgelassen. Augenzeugen berichteten von mehreren anderen Lawinenabgängen in den Wänden an diesem Tag. Um 12.55 Uhr riß am Grataufbau über dem Hotel in einer zuvor nie erlebten Breite und Dicke eine Riesenlawine ab und rollte über das Schneefernerhaus ins Platt hinunter. Wie viele tatsächlich verschüttet worden waren, blieb unklar, denn nicht wenige konnten sich selbst noch befreien, obwohl der Naßschnee schwer wie Zement über ihnen niederging. Andere hatten im letzten Moment seitlich am Hang ausweichen können oder wurden nur am Rande erwischt. Ein Glück war auch, daß sich die Katastrophe zur Mittagszeit ereignete: Viele Besucher saßen im Hotel beim Essen. Hätten auch sie sich draußen auf der Terrasse oder am Platt aufgehalten, die Zahl der Toten wäre sicher höher gewesen.

Es war auch so fürchterlich genug. Erst nach Tagen verzweifelter Suche in der größten Bergungsaktion, die es je in Bayerns Alpen gegeben hatte, wurden die Opfer geborgen: In der Leichenhalle des Friedhofes Garmisch standen zehn Särge und in den Krankenhäusern sammelten sich die

Verletzten. Die Öffentlichkeit war tief erschüttert, würdigte aber die Opferbereitschaft der über tausend Helfer aller Organisationen, die tagelang bis zur Erschöpfung in dem schweren, hartgepreßten Lawinenschnee ihre Suchgräben gezogen und die Toten ausgebuddelt hatten. Der riesige, hoch aufgetürmte Lawinenkegel und der stellenweise hartgefrorene Schnee hatte auch den Lawinenhunden, die sofort eingeflogen worden waren, große Schwierigkeiten bereitet: Sie konnten die vielen Gerüche nicht deutlich unterscheiden.

Der Großalarm – man befürchtete das Schlimmste – hatte ein ungeheures Aufgebot an Hilfskräften gebracht. Im Tal sprangen sie dutzendweise in ihre Autos, rasten zu den Sonderzügen der Zugspitzbahn, die mit Leuten und Geräten ununterbrochen bergwärts eilten. Hubschrauber setzten Menschen und Hunde am Platt ab; viele fuhren vom Schneefernerhaus auf ihren Schaufeln als Schlitten zum Platt hinunter, weil die Hangbahn verschüttet war. Jede Minute war kostbar. Im Tal spielten sich erschütternde Szenen ab: Jubel über kaum noch erhoffte Rettung oder Trauer tödlicher Gewissheit. Das mittlere Platt bot nach diesen Tagen der Verzweiflung ein makabres Bild: Die Gitterlinie der tiefen Suchgräben blieb noch lange ein denkwürdiges Symbol der Katastrophe.

Nach der Bergungsaktion entbrannte dann die Diskussion über die Schuldfrage. Es begann eine schwere Zeit für die Bayerische Zugspitzbahn AG und die Hotelleitung des Schneefernerhauses. Alles drehte sich um die eine Frage: War angesichts einer so ungewöhnlichen Wetter- und Schneelage eine Lawine vorhersehbar und hätten deshalb Terrasse und Platt gesperrt werden müssen? Oder war es eine in solcher Dimension unvorhersehbare Naturkatastrophe? Gab es also Schuldige oder gab es sie nicht? Das Für und Wider der höchst kontroversen Argumentation beschäftigte monatelang die Öffentlichkeit und das Gericht. Es gab Aussagen von Experten, die an einem derart lawinösen Föhntag eine totale Sperrung für unbedingt nötig erachtet hätten; es gab aber auch absolut gegenteilige Meinungen von Fachleuten: Eine so ungeheure Lawine habe niemand vorausahnen können. War man, um das Geschäft nicht zu beeinträchtigen, ein zu großes Risiko eingegangen bei Hotel und Bahn? Oder waren gar die Lawinenverbauungen seit 35 Jahren ungenügend?

Angeklagt wurde der damalige Direktor der Zugspitzbahn AG, Bernhard Schmidt, ein Pionier des Bergbahnbaues und der Platterschließung, mit internationalem Ruf. Die Staatsanwaltschaft warf ihm fahrlässige Tötung vor; Hauptargument: Gerade er als Fachmann hätte das Risiko jenes Tages erkennen und entsprechende Vorsichtsmaßnahmen treffen müssen. Die Hauptverhandlung wurde zu einem hartnäckigen Tauziehen zwischen den verschiedenen Expertenmeinungen. Die Fülle von Gutachten, Statistiken und Aussagen stellte das Gericht vor eine außerordentlich schwierige Entscheidung: Fragen der Verkehrssicherheit im Gebirge, bei Bergbahnen oder Lawinengefahr, ihre Beurteilung oder die Vorbeugung, standen im Kreuzfeuer juristischer Betrachtungen.

Die Staatsanwaltschaft beantragte eine Freiheitsstrafe von fünf Monaten für Schmidt; das Gericht sprach ihn frei. Dem Einspruch der Staatsanwaltschaft wurde auch in zweiter Instanz nicht stattgegeben: Die Komponente »unvorhersehbare Naturkatastrophe« hatte überwogen! Das Urteil stieß freilich auf heftige Kritik, auch noch Jahre später.

Heute interessiert die Schuldfrage nicht mehr, dafür aber die Konsequenzen, und die waren außerordentlich weitreichend: Es wurden sofort danach neue zusätzliche Schutzbauten im Steilhang über dem Schneefernerhaus errichtet und eine weitgehend lawinensichere neue Hangbahn gebaut. Vor allem aber richtete man, nicht nur für die Zugspitze, sondern für alle stark besuchten und exponierten Skigebiete, vermehrt Lawinenwarndienste und zahlreiche Meßstationen ein. Außerdem entwickelte man ein technisches und organisatorisches System von Lawinensprengbahnen, übrigens auch über den Gleisen zum Schneefernerhaus. Am Riffelriß war früher die Zahnrad-Strecke mehrmals verschüttet worden, zum Glück immer ohne Personenschäden.

Wenn man über Katastrophen berichtet, darf eine andere Tragik in den Bergen nicht unerwähnt bleiben. Exponierte Stellen ziehen auch ›Lebensmüde‹ magisch an. Ebenso wie Hochhäuser, Fernsehtürme oder Brücken wählen sie hohe Gipfel über tödlichem Abgrund für ihre Absicht aus. Jährlich besuchen über eine halbe Million Menschen aus vielen Ländern die Zugspitze, um dort ihre Lebenskraft zu stärken oder das Gipfelerlebnis auszukosten; leider sind auch einige Selbstmordkandidaten darunter, die den Berg ja leicht per Bahn erklimmen können. Müßten sie vorher hinaufklettern, um ihre Absicht zu verwirklichen, es gäbe weit weniger Selbstmörder am Berg.

Immer wieder hat es die Polizei im Gebirge mit Fällen zu tun, bei denen die Lebensmüden vorher in ihren Abschiedsbriefen ausdrücklich erklärten, sie wollten angesichts und inmitten dieser unerhört schönen Bergwelt Abschied nehmen; und nicht wenige endeten mit dem Satz: »Ich suche eine Stelle auf, an der mich niemand finden wird.« Die Berge rund um Garmisch-Partenkirchen haben viele unzugängliche Schluchten, Gletscher-Spalten oder nie begangene Kare, in denen unbemerkt jemand verschwinden kann, wenn er will. Es gibt keine Statistik, wie viele Vermißte in diesem Gebiet den ungestörten Tod gesucht und gefunden haben. Ab und zu kommt es vor, daß ein Bergsteiger oder

Wanderer plötzlich an einer einsamen Stelle die Überreste eines Menschen findet. In Gletschergebieten der Zentralalpen tauchten Verunglückte erst ein oder mehrere Menschenalter später wieder auf, meist durch das Eis konserviert.

Ob Liebeskummer, Depressionen, Lebensangst, Not oder Krankheit: Fast alle denkbaren Ursachen sind bei alpinen Selbstmorden vertreten. Der Abgrund ›lockt‹ und gerade die Zugspitze hat eine ungeheure Suggestionskraft. Dies um so mehr, da ihre gewaltigen Steilflanken und hoch aufragenden Wände gewissermaßen eine ›Todesgarantie‹ bieten, vor allem das Bayerische und das Österreichische Schneekar sowie die Nord- und Nordwest-Flanke. Nur in sehr heißen Sommern schmilzt dort der Schnee, so daß ein Toter gefunden werden kann.

Einige Fälle von Zugspitzselbstmorden, die aufgeklärt werden konnten, seien herausgegriffen; nicht der Sensation halber, sondern um uns die schreckliche Realität und das menschliche Leid vor Augen zu führen, das die Bergwelt auch berühren kann. 1950 sprang eine 20jährige Studentin aus Heidelberg, vor den Augen von Passanten, am Weg von der Seilbahnstation zum ›Münchner Haus‹ über das Geländer in die Tiefe. Neun Jahre später, an Ostern 1959, wählte sich eine arbeitslos gewordene 40jährige Stenotypistin aus Regensburg dieselbe Stelle aus. Sie hinterließ nur ihre Handtasche und verschwand bei Schneesturm über die Plattform. Die Suchmannschaft verfolgte die Spur der Frau: auf den Ostgipfel, über den Grat zur schmalsten Stelle und über das Geländer in den Abgrund; eine Rutschspur war noch zu sehen. Im Spätherbst 1959 fand man durch Zufall am unteren Rand des steilen Trichters zwischen Sand, Geröll und Gletscherschnee die Überreste eines Frauenkörpers.

An Weihnachten 1981 stürzte sich ein 26jähriger Inge-

nieur aus Tutzing bei einem Alleinflug mit seinem Hängegleiter aus vermutlich mehr als 2000 Metern Höhe über
dem Höllental in die Tiefe. Man fand ihn erst im Mai des
nächsten Jahres: Der erste Drachenflieger, der in voller
Absicht das ›Ikarusdrama‹ wiederholt hatte. Der junge Ingenieur hatte mehrfach Selbstmord angekündigt, er kannte
das Gelände des Zugspitzmassivs genau und wählte die
bewußte Stelle sehr überlegt: an einem Tag mit guter Ther-
mik und am späten Nachmittag, als keine anderen Dra-
chensegler mehr in der Luft waren.

Nahe der Absturzstelle des Ingenieurs waren gut zwei
Jahre zuvor drei junge Sportflieger aus Luxemburg tödlich
verunglückt. Keine Selbstmörder, doch hatten sie sich zu
›selbstmörderischem‹ Leichtsinn hinreißen lassen: Trotz
dichter Wolkendecke über dem Wettersteinmassiv waren
sie zum Flugwettbewerb mit Ziel Innsbruck gestartet und
hatten das Bergmassiv angeflogen. Der 32jährige Pilot steu-
erte aus unerklärlichen Gründen das verhängnisvolle Höllental an. Wollte er abkürzen? Hatte er zu wenig Erfahrung
im Gebirgsflug? Wollte er über die Zugspitze fliegen? In
einer Höhe von etwa 1800 Metern, ausgerechnet an einer
Stelle, die im Volksmund »böser Ort« heißt, prallte die
Maschine in voller Fahrt auf der Südseite des Bergkammes
zwischen Großem Waxenstein und Zwölferkopf gegen die
fast senkrechte Felswand. Offenbar wollte der Pilot im
letzten Augenblick das Sportflugzeug noch herumreißen,
der Motor heulte auf, dann zerschellte die Maschine. Die
drei Männer waren sofort tot. In einer halsbrecherischen
Aktion holte die Bergwacht ihre Überreste aus dem Abgrund.

Im Februar 1977 hatte sich ein weiterer spektakulärer
Selbstmordfall ereignet: Der 26jährige Hausmeister des
österreichischen Gipfelhotels warf zuerst seinen gepackten
Koffer in den Abgrund und sprang dann über das Gelän-

der der Hotelterrasse hinterher. Vielleicht hatte er die Höhe seines Arbeitsplatzes nicht ertragen. Die Erfahrung lehrt, daß die Arbeit in fast 3000 Metern Höhe das Personal nicht nur körperlich besonders beansprucht, sondern manche Leute seelisch nach relativ kurzer Zeit so durcheinander bringt, daß sie aufgeben und ins Tal zurückkehren müssen. Diese Krankheit, der sogenannte Höhenkoller, darf nicht unterschätzt werden.

Genug der Tragik an diesem Schicksals-Berg, der wohl so manches traurige Geheimnis hütet. Heiter-Tröstliches soll dieses Kapitel beenden: Am 9. August 1957 erschien der 33jährige John Smith aus Southampton auf der Zugspitze, ausgerüstet mit hohen Fischerstiefeln, drei Angelruten, einem Netz und zwei Blechschachteln mit Würmern in den Hosentaschen. Aus unerfindlichen Gründen wollte er auf dem Platt angeln. Welch sagenhafte Information mußte er über den berühmten Gipfel erhalten haben, daß er glaubte, es gäbe in fast 3000 Metern Höhe einen See und darin auch noch angelbare Fische!?!

Felsbeschaffenheit und Zukunftsaussichten

Verbauung der Zugspitze

Der gelb-graue scharfkantige Zugspitz-Fels mit seinen feinen weißen Adern und bräunlichen Einsprengungen wird gern als Andenken in kleinen Stücken mitgenommen. Das Souvenir trägt dann eine Metallplakette mit dem Bild des Gipfelkreuzes und der Aufschrift »Original-Gestein von Deutschlands höchstem Berg, Zugspitzgipfel 2964 m«. Der Steinbrocken wirkt so hart, daß man nicht glauben möchte, wie erfolgreich Wetter und Wasser daran nagen können. Der Fels kann sogar mürb werden, wenn immer wieder Blitze einschlagen, die das Gestein zum Glühen bringen.

Aber der Fels wird nicht nur von oben angegriffen: In seinem Inneren nagen die Sickerwasser und waschen mit der Zeit große Höhlen aus. Deshalb sind die Kalkalpen-Massive keineswegs so ›massiv‹, wie sie aussehen. Es gibt mächtige Seen und Ströme in der Tiefe; vermutlich auch unter Zugspitze und Wetterstein. Dieses heimliche oder eher unheimliche Innenleben der Berge wird dem Menschen erst dann bewußt, wenn das Ganze einmal ›wackelt‹: Die sogenannten ›Einsturz-Beben‹ lassen dann solche Höhlen in der Tiefe zusammenbrechen. Die Seismographen zeichnen der Wissenschaft diese Ursache ablesbar auf. Bei den ›tektonischen‹ Beben dagegen prallen in der Tiefe Gesteinsschichten aufeinander oder verschieben sich ruckartig gegeneinander. Beide Arten können auch ein Bergmassiv wie die Zugspitze zum ›Beben‹ bringen. Daß der Gipfel tatsächlich schwanken kann, hat sich in diesem Jahrhundert mehrfach deutlich gezeigt. Vor allem bei dem großen Erdbeben von 1976 im italienischen Friaul. Es wurde bereits an früherer Stelle darüber berichtet. Die Stoßwellen setzten sich über viele hundert Kilometer fort und verängstigten auch die Bevölkerung rund um die Zugspitze. Schäden aber entstanden hier nicht. Den Bewohnern wurde schlagartig deutlich, wie unsicher eigentlich der Grund ist, auf dem sie leben. Jedenfalls war bei diesem Beben die Erschütterung am Zugspitzgipfel so stark, daß der Meteorologe in seiner Station schon fürchtete, der Beobachtungsturm werde einstürzen. In großer Höhe wird das Ausmaß einer solchen Erdbewegung manchmal weit deutlicher erkennbar als im Tal. Wiederholt waren auch tektonische Beben mit Zentren im Raum Innsbruck oder der Schwäbischen Alb auf der Zugspitze kräftiger zu spüren gewesen.

Das Beben vom 24. November 1983 zeigte ein anderes Phänomen. Es hatte seinen Ursprung, wie eingehende Ermittlungen ergaben, im Raum Farchant/Oberau im oberen Loisachtal, keine 20 Kilometer vom Zugspitzmassiv entfernt. Trotzdem blieb dieses Gebiet nahezu unberührt. Es handelte sich um ein ganz lokales Beben, bei dem sich in mehreren oder vielen Kilometern Tiefe miteinander verklammerte Gesteinsschichten plötzlich ruckartig voneinander lösten. Über dem Herd des Bebens hörte man deshalb eine Art Kanonenschlag. Es war ein relativ kurzer Erdstoß, während andere Beben oft in mehreren deutlich getrennten Schwingungen ablaufen. Aber dieser Stoß war so stark, daß er auch noch fünfhundert Kilometer entfernt seismographisch wahrgenommen wurde. Warum blieb das Zugspitzmassiv unberührt?

Manche Beben schicken ihre Stoßwellen sozusagen nur in einer engen Schneise aus – jenes von 1983 zielte in Ost-

West-Richtung. Das Zugspitzmassiv lag südwestlich zum Zentrum des Bebens und damit außer Reichweite. Lokalbeben mit Zentrum im Zugspitzgebiet sind nicht so selten, wie man meinen könnte: 1917 Zentrum Griesen; 1918 Zentrum Walchensee, 1939 Zentrum Ettal, 1955 Zentrum Wetterstein, 1921/1930/1951/1975 Zentrum Garmisch-Partenkirchen. Diese Beben waren meist viel schwächer als das von 1983, zeigten aber deutlich eine Bewegung im Untergrund des Gebirges, was zum Teil noch mit der anhaltenden Auffaltung der Alpen zusammenhängt.

Das Gebirge steht also nicht ganz so unveränderlich fest, wie es scheinen mag. In geologisch zu messenden Zeiträumen ereigneten sich immer wieder große Felsstürze, die ganze Landstriche verwüsteten und veränderten. Ein solcher, bereits erwähnter Wall aus Fels und Geröll liegt vor unseren Augen: Die vor vielen tausend Jahren aus den Riffelwänden des Zugspitzmassivs nordseitig abgestürzten Gesteinsmassen, hinter denen sich westwärts der Eibsee aufstauen konnte. Der Besucher nimmt diese natürliche Staumauer als einen Höhenrücken wahr, den er überwinden muß, wenn er von Grainau heraufkommt und zum Seeufer hinunter will. Über die breite, äußerst steile Nordflanke des Zugspitzmassivs, die über dem Eibsee aufragt, donnern immer wieder Steinschläge, Geröll und Lawinen hinunter; doch der Felssturz von damals hatte andere Dimensionen, die für uns kaum vorstellbar sind.

Trotz Höhlen, Felssturz und Erdbeben besteht der Zugspitzblock aus fester ›Felsmaterie‹. Sonst hätte man in seinem Inneren keine Bergbahn-Tunnels bauen können. Die umfangreichen geologischen Untersuchungen haben gezeigt, daß die 4,5 Kilometer lange Röhre, die sich s-förmig durch den Berg hindurchschlängelt, genügend gesichert werden konnte. Auch später beim Bau der Seilbahn hatten die Fachleute keine Bedenken, obwohl 550 Tonnen Seilgewicht über Betonpoller dicht unter dem Gipfelgrat verankert werden mußten.

Problematischer wurde es 20 Jahre später, als es darum ging, dicht unter dem Zugspitzgipfel einen 40 Meter langen, begehbaren Tunnel quer durch den Grat zu treiben, um das künftige Funkgebäude der Bundespost an der Südseite mit den Richtfunkantennen auf der Nordseite zu verbinden: Das Gestein erwies sich als so mürb, daß man das Risiko von Sprengungen nicht eingehen konnte. Die Verantwortlichen hielten die Erschütterungen für zu gefährlich. Man brach schließlich den Tunnel auf Deutschlands höchster Baustelle mit Bohrhämmern durch den Gipfelfels. Für den kühn an die steile Südseite ›geklebten‹ Postbau waren ganz spezielle Verankerungen notwendig. Man wollte den uralten Fels nicht überstrapazieren.

Weit schwieriger erwies sich der Bau des vierten Tunnels, des 975 Meter langen Stollens für die Abzweigung von der Zahnradstrecke mit Bahnhof unter dem Zugspitzplatt im Zentrum des Liftnetzes und Skigebietes, der 1985 gebaut wurde. Dieses neue Gleis verläuft unter dem Gletscherschnee des Schneeferners, der seine Abflüsse in unbekannten Tiefen hat, die in ihrer Wasserführung kaum berechenbar sind. Manchmal nämlich spielt der Gletschersee Versteck; das heißt, er gibt durch die Spaltensysteme im Fels so viel Wasser in Richtung Reintal und Partnachquelle

Das Zugspitzplatt als ›Skizentrum 2000‹. Ein neuer, erst 1985 gebauter Tunnel führt als Abzweigung von der Zahnradstrecke unterirdisch zum neuen Gletscherbahnhof (dicke, schwarze gestrichelte Linie) beim Restaurant ›Sonn' Alpin‹. Mit neuen Schnelltriebwagen wird man in Zukunft vom Bahnhof Garmisch aus direkt zum Platt fahren können.
Die Schlangenlinien kennzeichnen die neuen, großen Skistrecken (bis drei Kilometer lang) für alpine Trainingsläufe und Wettkämpfe.

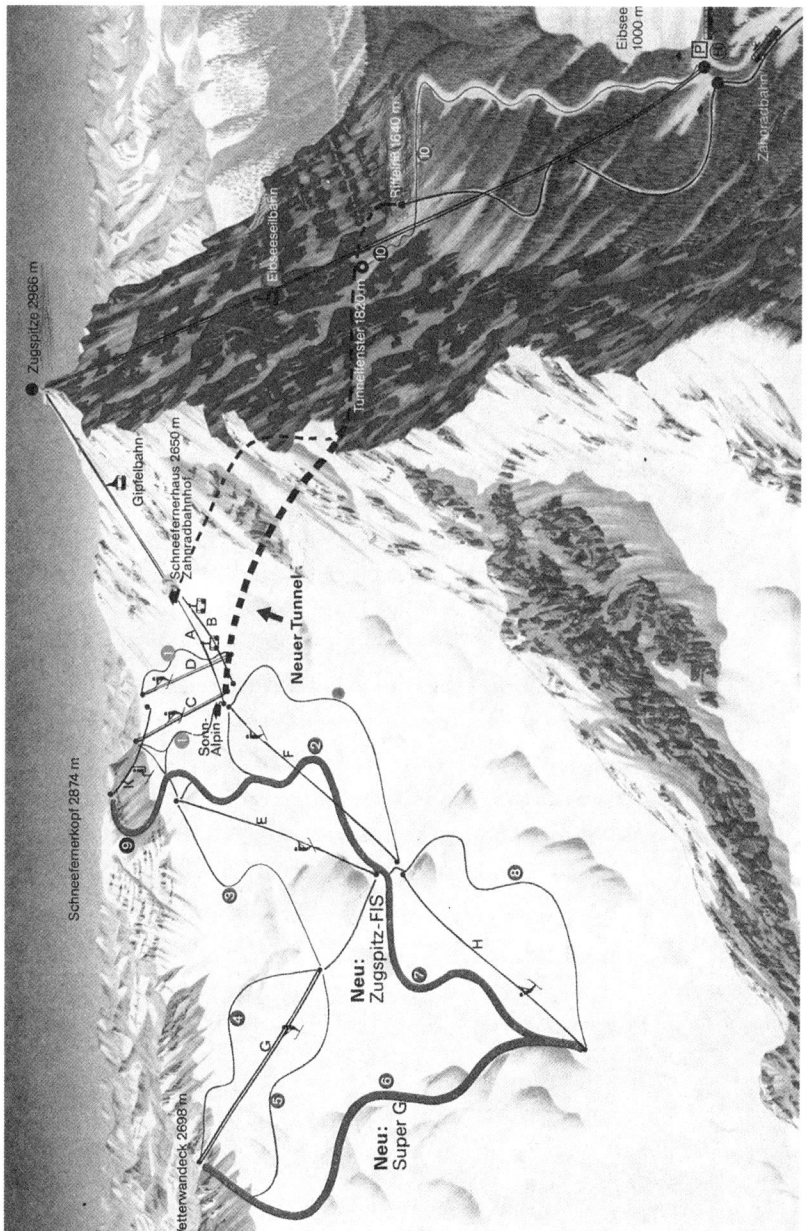

ab, daß er eine zeitlang völlig verschwindet. Nachdem das Wasser auf der Zugspitze eine kostbare Rarität ist, hat man sogar schon mit Wünschelruten nach ihm und möglichen Zapfstellen gesucht. Das Verschwinden bedeutet aber auch, daß die Tunnelbauer hier mit kaum kalkulierbaren Sickerwasser-Strömen zu rechnen hatten, die besondere Sicherheitsvorkehrungen nötig machten. Die Zugspitze ist eben immer für Überraschungen gut. Tatsächlich gab es beim Stollenbau mehrfach kräftige Wassereinbrüche.

Übrigens brauchen sich die Zugspitzbesucher um die Festigkeit des Gipfelfelsens keine Sorgen zu machen. Er besteht ohnehin schon überwiegend aus Stahlbeton, weil so viele Armierungen und Gebäude auf seinem Scheitel verankert wurden ...

Die Zukunft der Zugspitze, wie kann sie aussehen? Muß man ihr eine noch totalere technische Erschließung prophezeien?

Die Bayerische Zugspitzbahn AG hat Millionen für ein ›Skizentrum 2000‹ investiert, mit dessen Verwirklichung bereits begonnen wurde: ein unterirdisches Verkehrszentrum mitten im Skilift-Netz, der Halb-Stunden-Takt für Bergfahrten auf der Gleisstrecke zum Platt mit Spezial-Schnelltriebwagen und damit weit kürzere Fahrzeiten. Höhere Kapazitäten bei allen Bahnen und Liften, die dann rund 12500 Personen pro Stunde auf den sieben Quadratkilometern Platt in Höhen zwischen 2000 und 2900 Metern transportieren können!

Das Kreuz, das seit mehr als 130 Jahren den Zugspitzgipfel ziert, ist das Ziel unzähliger Bergsteiger und Anziehungspunkt für die meisten Touristen. Von der Bergstation der Seilbahn aus führt ein schmaler Pfad mit guter Seilsicherung hinüber zum Kreuz. Hier kann man etwas abseits der Technik und der Besuchermassen den herrlichen Ausblick auf die Zentralalpen genießen.

Im Höllental schürfte man vom 15. Jahrhundert bis nach dem Ersten Weltkrieg nach Eisen, Blei, Zink und auch nach Molybdän. Rechts sieht man einen alten Stolleneingang. Links im Vordergrund hat die Natur die bizarre Form eines Eisblockes gebildet und im Hintergrund zeigt sich ein Teil des Höllental-Gletschermundes. Darunter ist eine Höhle entstanden.

›Ikarus‹ über den Gipfeln: Ein Drachenflieger segelt mit seinem Hängegleiter in mehr als 3000 Metern Höhe um die Zugspitze: Der waghalsige Sport findet immer mehr Anhänger; von den alpinen Startplätzen aus erreichen die Vogelmenschen teilweise Flughöhen von fast 6000 Metern.

Eine tolle Leistung schafften im Juli 1985 drei Männer und eine Frau aus Garmisch-Partenkirchen: Mit ihren Mountain-Bikes, die sie stellenweise tragen mußten, strampelten sie vom Reintal zum Zugspitzplatt. Nach sechs Stunden konnten sie neben der Gipfelkapelle ihren Guinessbuch-reifen Rekord feiern.

Ein Blick zurück: Der Bau der Zugspitzbahnen im ersten Drittel unseres Jahrhunderts hatte den prominenten Berg von beiden Seiten vereinnahmt, die Grenzziehung des 18. Jahrhunderts bereits politische Probleme vorprogrammiert: Platt, Mittel- und Ostgipfel gehören Bayern, die südwestlichen Steilwände und ein Stück vom Westgipfel Österreich. Das heißt Sonne für Bayern und die kalte Schulter für Tirol. Diese Trennung schien nach dem politischen ›Anschluß‹ Österreichs ans Deutsche Reich 1938 kein Problem mehr zu sein. Außerdem hatte die Bayerische Zugspitzbahn AG die Tiroler Konkurrenz nach deren Pleite aufgekauft.

Das Kriegsende 1945 krempelte alles wieder um. Auf bayerischer Seite gab es nach Enteignung und Staatsvertrag keine Hoffnung mehr, die Tiroler Schwebebahn zurückzubekommen. In den fünfziger Jahren begann ein gewaltiger Bergtourismus- und Skilaufboom. Für die Zugspitze war eine neue alpine Ära angebrochen. Der konsequente Ausbau beiderseits der Grenze rollte an. Die Transportkapazitäten wurden erhöht, der Ausbau des Liftnetzes am Platt in Angriff genommen, in den sechziger Jahren die Eibsee-Seilbahn aus dem Boden gestampft. Österreich konterte mit eigener Gipfelbahn, Hotel und Restaurant sowie dem konsequenten Ausbau seiner Skigebiete auf der Südwestseite. Kein Wunder also, daß man auf bayerischer Seite alles versuchte, sich in diesem Konkurrenzkampf durch die Entwicklung schnellerer Triebwagen auf der Zahnradstrecke und vor allem mit dem Großprojekt ›Alpspitzbah-

Ein Wagnis besonderer Art ist die Bergung Abgestürzter aus Gletscherspalten. Hier haben die Männer der Bergwacht eine Leiter über die Spalte gelegt und Seile zur Sicherung des Retters verankert. Der Mann des Suchtrupps hat eine Position eingenommen, von der aus er die gesamte Spalte überblicken kann, um den Verunglückten zu finden, der in den meisten Fällen nur noch tot geborgen werden kann. Im Vordergrund rechts ein typisches Tor im Gletschereis.

nen‹ zu behaupten. Auch dabei war der langjährige Direktor der Bayerischen Zugspitzbahn AG, Bernhard Schmidt, Planer, technischer Erfinder und treibende Kraft. Die ›Osterfelder‹ am Fuße der Alpspitze waren längst als Skigebiet der Zukunft erkannt worden. Sogar den Alpspitzgipfel wollte man vereinnahmen. Doch zum Glück verhinderte das der bayerische ›Alpenplan‹, der tabuisierte Ruhezonen ohne jede Erschließung verlangt. So wurden Osterfelder, Längenfelder, Hochalm und Bernadein-Gebiet mit zwei Seilbahnen und einem halben Dutzend Liften in den 70er Jahren bebaut. Der Alpspitz-Gipfel blieb von einer Bahn verschont, doch baute man von der Bergstation der Osterfelderbahn zwei Felssteige aus, den ›Nordwandsteig‹ und die ›Alpspitz-Ferrata‹, auf denen sich alsbald Touristen-Karawanen tummelten. Wirtschaftlich war das Projekt ein Bombenerfolg und ermutigte zu weiteren großen Investitionen.

Der zweite ›Ölschock‹ Ende der siebziger Jahre wirkte sich auf die meisten Bergbahn-Unternehmen negativ aus: Fast alle mußten um den Erhalt ihrer Substanz kämpfen, viele gerieten in die roten Zahlen. Die Bayerische Zugspitzbahn AG blieb dank ihrer Vorsorge-Politik die große Ausnahme. Ihre Sonderstellung durch hohes Bahnaufgebot und ihre Wirtschaftskraft erlaubten weitere Investitionen in Millionenhöhe. Der Ausbau des Zugspitzplatts wurde konsequent in Angriff genommen: immer neue Lifte, der Bau eines Großrestaurants im Liftzentrum und Anfang der achtziger Jahre die Planung für das ›Skizentrum 2000‹. Die Skiabfahrten am Platt verlängerte man zu Wettkampf-Strecken, zwei mit fast drei Kilometern Länge.

1985 hat ein weiterer Großangriff begonnen: Der Bau des 975 Meter langen Tunnels der Zahnradstrecke unter das Platt für einen ›Gletscherbahnhof‹ im Skizentrum, mit Gipfelanschluß durch eine neue Seilbahn in den 90er Jahren. Noch bessere Schnelltriebwagen wurden entwickelt, die bei Tempo 70 auf der Talstrecke die Auffahrt von Garmisch aus um rund 20 Minuten verkürzen und unmittelbar zu den Platt-Liften führen. Investitionen von fast 40 Millionen Mark wurden bis 1995 ins Auge gefaßt.

Ihre erstaunliche Finanzkraft bewies die Bayerische Zugspitzbahn AG schließlich noch durch den Kauf der benachbarten Kreuzeckbahn im Mai 1986. Diese älteste deutsche Bergbahn, die gerade 60jähriges Bestehen gefeiert hatte, war in Privatbesitz. Sie hatte 12,7 Millionen Fahrgäste und 19,3 Millionen Güter ohne jegliche Zwischenfälle befördert und dabei etwa 1,5 Millionen Kilometer Streckenlänge absolviert. Ihre Seile erwiesen sich zudem als sehr solide: Die Zugseile mußten erst nach 34 Betriebsjahren ausgewechselt werden, während die ›vollverschlossenen‹ ersten Tragseile noch heute in Betrieb sind. Doch die ›alte Seilbahn-Dame‹ blieb, trotz äußerster Nutzung ihrer Kapazität, mit ihren nach heutigen Maßstäben viel zu kleinen Kabinen zu schwach für das vielbesuchte Kreuzeckgebiet. Die privaten Besitzer, eine Familiengesellschaft, wollten für die Modernisierung nicht allzu viel investieren. Nach dem Tod des Komplementärs sowie des langjährigen Betriebsleiters faßte man den Verkauf ins Auge, denn die Bayerische Zugspitzbahn AG hatte bereits die Betriebsführung des Unternehmens übernommen.

Die gemeindeeigene Wankbahn AG Garmisch-Partenkirchen war am Kauf der Kreuzeckbahn ebenfalls interessiert, hatte aber für die eigene Modernisierung hohe Investitionen zu leisten. Die Bayerische Zugspitzbahn AG kam also zum Zug. Sie übernahm 95 Prozent und obendrein aus dem Familienbesitz die Predigtstuhlbahn in Bad Reichenhall. Die Zugspitzbahn AG ist damit zu einem Giganten der Bergbahn-Branche geworden. Problemlos konnte sie auch den Ausbau des Plattes weiterverfolgen. Für einen Lift am oberen Plattrand des Schneefernerkopfes wurden Bohrungen im Gletscher vorgenommen, weil man Stützen ins Eis bauen wollte. Dabei machte man eine überraschende wissenschaftliche Entdeckung: Mit 28 Metern Dicke an der oberen Kante und 50 Metern Mächtigkeit in der Mitte ist der Schneeferner viel stärker als bisher angenommen. Demnach muß er in den letzten Jahrzehnten wieder gewachsen sein. Außerdem errechnete man eine Abdrift des Eises talwärts um täglich etwa einen Millimeter, das heißt, mehr als 30 Zentimeter pro Jahr. Die Liftingenieure stehen vor neuen Problemen: Sie müssen ihre Stützen bis zu 15 Meter tief im Eis verankern, aber zugleich ›wanderfähig‹ konzipieren. Ähnliche Schwierigkeiten kannte man schon von Liften auf Zentralalpen-Gletschern.

Ein weiteres Handicap im Hinblick auf die Zukunft: Was soll aus dem berühmten Schneefernerhaus, der hochalpinen Sensation von 1930, werden? Heute machen die schnellen Bergbahnen eine Übernachtung im Gipfelbereich weitgehend überflüssig, Skifahrer wie Touristen haben es eilig; einsame Gipfelnächte sind kaum noch gefragt. Die hohen Betriebskosten des Hotels belasten die Betreiber, nun wird es auch als Zwischenstation zum Platt überflüssig. Seit geraumer Zeit überlegt man sich andere Verwendungsmöglichkeiten, um es nicht abreißen zu müssen. Doch es könnte durchaus sein, daß das höchste deutsche Hotel die Jahrtausendwende nicht mehr überlebt. Es sei denn, man funktioniert es um und macht es attraktiv genug für exklusive Tagungen, Modenschauen, Messen oder sonstigen Gipfelsnobismus.

Die Zukunft verschont auch die österreichische Zugspitze mit ihren Erschließungsmaßnahmen nicht. Das Skizentrum Ehrwald am Fuße des Südwestmassivs wurde immer weiter ausgebaut, in die Waldhänge der Bergflanken wurden Liftschneisen geschlagen und für ergiebige Skifahrten ausgeholzt. Die Ehrwalder Alm auf der Südseite ist neuer Ausgangspunkt weiterer Lifte geworden; die Ehrwalder Gondelbahn stellt die Verbindung zum Tal her. Vor Jahren schon entwickelten österreichische Planer die Idee – nicht verwirklicht –, im Bereich der Gatterl-Abfahrt oberhalb der Ehrwaldalm einen Tunnel zum Zugspitzplatt zu bohren, um es auch von österreichischer Seite für Skifahrer wie Bergsteiger zu erschließen.

1986 wartete die Tiroler Seite mit einem neuen ›heißen‹ Plan auf: dem Bau einer Großkabinen-Pendelbahn (Länge 2000 Meter, Höhenunterschied 1200 Meter) von der Bergstation der Ehrwalder Gondelbahn aus – das heißt ab Ehrwalder Alm – in einem Schwung, ohne Stütze, zum Wetterwandeck, dem südwestlichen Eckpfeiler des Massivs. Dadurch will man mit einer Förderleistung von 800 Personen pro Stunde den Skifahrern den unmittelbaren Anschluß an den bayerischen Wetterwandeck-Lift am Platt ermöglichen. Das hieße aber auch, daß Zugspitzplatt und Ehrwalder Gebiet zu ›einer‹ Skiregion zusammenwachsen würden und daß dann beide Zugspitzseiten voll erschlossen wären. Um schließlich die Gatterl-Abfahrt lawinensicher zu machen, müßte obendrein noch ein kurzes Tunnelstück eingebaut werden.

Und ansonsten: Wird im kommenden Jahrtausend das Zugspitzplatt zur Plattform – im doppelten Sinn – für Raketenstarts ausgebaut werden, zum Bahnhof für Weltraum-Tourismus oder Abschußbasis für Umlaufsatelliten? Eine schreckliche Zukunftsvision!

Naheliegender ist die wachsende Bedeutung des Gipfels als europäischer Brückenpfeiler für Telefon-, Funk- und Fernsehtechnik und in der Zukunft für die Tele-Kommunikation. Man wird wohl noch mehr Antennen, Computer, Aggregate und dergleichen in Gipfelposition brauchen, weil Deutschland eben nur den einen, perfekt erschlossenen Standort in solcher Höhe hat.

Das Jahr 2000 wird auch neue Dimensionen im Zugspitz-

Bergsteigen entwickeln: Die Freikletterer, die auf weichen Sohlen mit bloßen Händen die Überhänge angehen, werden auch die Wände des Zugspitzmassivs erobern und den ›10. Grad‹ alpiner Tollkühnheit. Dazu gesellen sich vielleicht noch die Eiskletterer, die dann senkrechte Eiswände mit Beil, Hammer und Steigeisen ›spielend‹ bezwingen.

Das Freiklettern ohne Hilfsmittel und Sicherung, der neue kühne Alpensport, forderte bereits im Zugspitzgebiet sein erstes Opfer. Im Oktober 1986 stürzte ein 17jähriger an der Nordkante des Höllentorkopfes dicht unterhalb des Gipfels aus ungeklärter Ursache tödlich ab. Diese bevorzugte Freikletterer-Route hat den Schwierigkeitsgrad ›4 plus‹.

Was birgt letztendlich die Forschung noch für Überraschungen im neuen Jahrtausend? Seit langem ist die Zugspitze schon in das weltweite Netz der Stationen für Wetterbeobachtung und Klimaforschung eingebunden und brachte wertvolle, langfristige Meßergebnisse, die auch im Zuge der modernen Satelliten- oder Spacelab-Forschung nicht entbehrt werden können. Denken wir auch an die seit den sechziger Jahren laufenden Experimente physikalischer Höhenforschung über ›Höhenstrahlung‹ und die Einflüsse auf das Leben oder über den ›Sonnenwind‹ und seine Bedeutung für uns. In jüngster Zeit beobachtete man in einem zwei Jahre dauernden Experiment die Entwicklung des lebenswichtigen ›Ozongürtels‹ über der Erde, der über das Schicksal des Menschen in der Zukunft entscheiden kann. Wird nämlich dieser Schutzschild gegen kosmische Strahlung zu sehr ›strapaziert‹, wäre das Leben gefährdet und der Hautkrebs beispielsweise würde sich epidemisch verbreiten. Seit geraumer Zeit schon nagen unsere Industrieabgase und Treibgase aus Spraydosen stark an diesem Ozongürtel.

Außerdem warnen Klimatologen und Geophysiker immer eindringlicher vor einem ›Umkippen‹ des Klimas durch vermehrte Industrieabwärme, die in die Atmosphäre aufsteigt. Das könnte unter Umständen auf der nördlichen Erdhalbkugel zu einer derartigen Lufterwärmung führen, daß die Eiskappen der Pole zu schmelzen begännen. Wenn also die Industrieländer immer mehr Abwärme produzieren, kann uns die Katastrophe schon um die Jahrtausendwende drohen.

Die Folgen wären fürchterlich: Der Meeresspiegel würde rapide ansteigen und flache Küstenregionen, darunter auch große Teile der norddeutschen Tiefebene, überschwemmen. Das ›Umkippen‹ des Klimas ließe zu gleicher Zeit die Gletscher der Alpen schmelzen. Das würde bedeuten, daß es zunächst einen gewaltigen Wasserüberschuß in den Flüssen südlich der Donau gäbe, was wiederum riesige Hochwasser und Überschwemmungen zur Folge hätte. Wenn schließlich die Gletscher verschwunden wären, würde allmählich die Austrocknung der Gebiete einsetzen; die Pflanzenwelt und Zivilisation hätte keine Überlebenschance.

Im Vergleich zu dieser ›Horror-Vision‹ scheint das Waldsterben – auch im Zugspitzgebiet schon weit fortgeschritten – ja relativ harmlos zu sein. Ganz im Gegenteil: Vernichtung der Schutzwälder über den Bergtälern bedeutet verstärkte Erosion, mehr Lawinen, Muren, Hochwasser und Gefahr für die Ansiedlungen.

Jetzt erst begreift man, daß die Messungen und Erfahrungswerte der Wissenschaftler in ihrem kleinen Turm auf dem Zugspitzgipfel lebenswichtige Bedeutung haben. Tun wir ein Übriges, damit die Natur erhalten bleibt.

Nicht zuletzt hat die Zugspitze mit ihrer Station zur Früherkennung radioaktiver Luftverseuchung gerade in jüngster Zeit eine entscheidende Funktion erlangt: Gefährlicher ›Abfall‹ nuklearer Explosionen und Unfälle ist in solcher Höhe um Stunden früher meßbar und erkennbar, als beispielsweise im Tal. Und das kann eine wichtige Galgenfrist für Warnung und Abwehrmaßnahmen sein, falls man letztere überhaupt einmal entwickeln sollte.

Einige Initiativen und Aktionen für Umwelt- und Naturschutz haben gerade in letzter Zeit auf dem ›medienwirksamen‹ Zugspitzgipfel Aufsehen erregt. Ende August 1986 versammelten sich Atomkraft-Gegner aus Bayern und Österreich am Gipfelkreuz. Die etwa hundert Teilnehmer verfaßten ein Manifest gegen Umweltzerstörung, Kernkraftwerke und Waldsterben und verkündeten die ›Verbrüderung‹ zwischen Atomkraftgegnern und Umweltschützern. Ein bayerischer Stromlieferant bemerkte bissig, daß die Demonstranten wohl auch die technischen Aufstiegshilfen benutzt hätten, die mit Kernenergie gespeist werden.

Im September 1986 besetzten 800 Jugendliche aus elf bayerischen Jugendorganisationen die Zugspitze und 50 weitere Alpengipfel und verteilten Handzettel zur Rettung des Bergwaldes an die Gipfelbesucher. Als Zeichen ihrer Entschlossenheit hatten sie auf allen diesen Bergen die Abfälle weggeräumt, die die Touristen achtlos weggeworfen hatten. Mit ihrer Müllbeseitigungsaktion wollen sich die Jugendgruppen für die Rettung des Erholungs- und Lebensraumes Alpen einsetzen. Jedes Jahr räumen sie auch rund um den Eibsee gewaltig auf. Sie fanden Nachahmung. Ebenfalls im Herbst 1986 wurde ein ›Reinigungs- und Aktionstag Saubere Bundesrepublik‹ ins Leben gerufen, an dem Privatleute aus ganz Deutschland zusammen mit Gebirgsjägern der Bundeswehr ein Wochenende lang die Alpenregion vom Müll befreiten. Es bleibt zu hoffen, daß solche Aktionen weitergeführt werden; noch besser wäre natürlich, wenn die Menschen, die die herrliche Gipfelwelt erwandern und besuchen, ihren Abfall gar nicht erst in der Landschaft hinterlassen.

Die Lawinen gaben der Zugspitze
ihren Namen

Zu den Rätseln, von denen wir nun schon viele kennenlernten, gehört auch der Name des höchsten deutschen Berges.

Die Bezeichnung »der Zugspiz« tauchte erstmals 1590 auf. Offenbar hat der Name nichts damit zu tun, daß es dort oben besonders zugig ist, obwohl die oft stürmisch bewegten Wolken darauf schließen lassen könnten. Vielmehr scheint die Beobachtung zugrunde zu liegen, daß an diesem Bergmassiv, gerade vom Hauptgipfel herunter und entlang der Wände, Lawinen in stets gleichen Bahnen oder ›Zügen‹ abgehen. »Zugwald« heißt auch seit frühester Zeit ein Waldstück über dem Eibsee genau in Richtung eines Lawinen-Zuges. Die Lawinenbahnen heißen heute noch vielerorts in den Alpen »Zug«, »Strich« oder »Gasse«. So läßt sich wohl der Name erklären.

Markante Wetterzeichen haben vielen Gebirgen oder Gipfeln ihre Namen gegeben. Das ›Wetterstein‹-Gebirge ist tatsächlich eine steinerne Wetterscheide zwischen maritimem und alpinem Klima. Das ›Wetterwandeck‹ bildet exakt die Wetterecke des Massivs. Das häufig wechselnde, meist extreme Gebirgswetter war für die Urbewohner von existentieller Bedeutung und prägte ihren Lebensrhythmus ungleich mehr, als wir uns das heute vorstellen können.

Welches Bild macht sich der Mensch vom höchsten deutschen Berg? Früher hielten die Talbewohner die Berge für Wohnstätten der Geister und Dämonen; Heerführer und Kaufleute betrachteten sie als Hindernis. Auf Karten des Mittelalters findet man meist nur jene Gebirge eingezeichnet, die für Politik, Gebietsansprüche, Grenzmarkierungen oder Militär-Strategie interessant waren. Eine echte ›Abbildung‹ war nicht gefragt.

Das änderte sich erst in der Aufklärungszeit und vor allem im 19. Jahrhundert, als die Alpen von ›Maleraugen entdeckt‹ wurden. Die Romantiker waren die ersten, die sich um die bildliche Darstellung ernsthaft bemühten; freilich entsprachen die Kunstwerke mehr einem Wunschbild als einem Abbild. Der berühmteste klassizistisch-romantische Alpenmaler Joseph Anton Koch (1768 bis 1839) dramatisierte und heroisierte die alpinen Szenerien; er stellte starrende Gletscher und rauschende Wasserfälle dar, die es so nie gab und gibt. Selbst ein Caspar David Friedrich (1774 bis 1840) wollte mit seinem Watzmann-Bild – die Zugspitze hat er nicht gemalt – kein Bergporträt liefern: Seine gemalten Berge sind majestätische, in ehrfürchtigem Schauder dargestellte Symbole der Naturgewalt.

Erst die Künstler der Münchner Malerschule zur Zeit König Ludwigs I. entdeckten die ›reale‹ Alpenlandschaft. Die große Zeit der Bergbilder begann. Der bedeutendste Vertreter, Carl Rottmann (1797 bis 1850), Begründer der ›modernen‹ Landschaftsmalerei, ging bei seinen Bildern von einer romantischen, heroisierten Grundstimmung aus, die er mit Licht, Luft und Farbe zu einer ebenso großartigen wie feinsinnigen Wirkung vermischte. Stark romantisch geprägt war noch seine Darstellung vom Eibsee mit der Zugspitze: Aufbau, Fels, Eis und Urwald über dem See sind schwärmerisch übertrieben, aber höchst wirkungsvoll. Später wurde Rottmann im Auftrag Ludwigs I. in Griechenland zum einzigartigen ›Zeichner‹ klassischer Landschaften. Er gab der Natur eine Seele, ebenso wie die Malergruppe der »Deutschnazarener« in Rom.

Die zweite Hälfte des 19. Jahrhunderts entwickelte schon ein ganz anderes Bild von den Bergen. Die Münchner Maler, die meist vor dem Motiv selbst skizzierten und erst danach im Atelier die großen Bilder fertigstellten, begannen mehr Wert auf topographische Genauigkeit zu legen. Ein Künstler setzte bei seiner »Ansicht der Zugspitze vom Loisachtal aus« einen See in Szene, den es dort allenfalls kurz nach der Eiszeit gegeben haben konnte. Eine wachsende Rolle spielte auch die bürgerlich-ländliche ›Staffage‹. Darstellungen rund um die Zugspitze und das Panorama von Nordosten her wurden allmählich zu gängigen, weit verbreiteten Motiven. Nicht zuletzt erhielt der Fremdenverkehr durch solche Bilder neue Impulse.

Zur selben Zeit entstand auch die Bildgattung der alpinen Reportage mit Zeichenstift und Radiergriffel. Bekannt sind gezeichnete und gestochene Berichte über Touren, die daheim in aller Ruhe, aber möglichst dramatisch gezeichnet wurden. Sie waren schon auf Verbreitung in Massenblättern wie ›Gartenlaube‹ oder ›Fliegende Blätter‹ angelegt. Eine besonders eindrucksvolle Zeichnung des Oberammergauers Zeno Diemer zeigt die Einweihung des ›Münchner Hauses‹ 1897 vom Standort Gipfelkreuz aus. Ein Stahlstich nach der Zeichnung des Partenkirchner Schnitzschul-Gründers Professor Michael Sachs liefert die Bildreportage zur Aufrichtung des Kreuzes auf dem Ostgipfel am 25. August 1882: fünf Männer in Aktion, zwei davon auf Leitern bei der Montage des Strahlenkranzes.

Eine Fülle von Zugspitz-Motiven lieferten nach der Jahrhundertwende die Photographen, die mit ihren schweren Riesenapparaten und gewichtigen Glasplatten samt Stativen den mühsamen Aufstieg nicht scheuten und vor allem über festliche Ereignisse in Bilderserien berichteten. Es finden sich erstaunliche Leistungen dieser Photopioniere. Heute ist die Zugspitze ein weltweit verbreitetes Postkartenmotiv.

Bekannte alpine Maler unseres Jahrhunderts sind beispielsweise die britischen Künstler E. Th. Compton und Sohn Harrison, die sich auch bei ihren Zugspitzbildern auf Genauigkeit der Darstellung spezialisiert hatten und damit viel zur Verbreitung künstlerisch hochwertiger und malerischer Alpenmotive beitrugen. Von den Werdenfelser Malern haben sich fast alle mehr oder weniger intensiv mit dem Pinsel der Zugspitze angenommen. Aus der ersten Hälfte unseres Jahrhunderts fielen vor allem Professor Carl Reiser mit seiner betont dekorativen Bildtechnik und die Malerin Lo Hiller mit ihrem am Pariser Impressionismus geschulten Stil auf oder der verspätete Romantiker Hugo Hodiener. Oskar Schultz, jüngster Vertreter dieser Richtung, malte mit glühenden Farben und strengen Konturen gleichsam heroisch beseelte Bergbilder.

Ganz neue Aspekte der Bergwelt brachte die Luftaufnahme, meist vom Hubschrauber aus geschossen. Im Dezember 1983 entstand beim Raumflug mit dem Spacelab Shuttle eine ungeheuer eindrucksvolle Aufnahme des Zugspitzgebietes aus 250 Kilometern Höhe, die auch Details erkennen läßt.

Bergphotograph ist längst ein eigenständiger Berufszweig geworden. Man versucht, alle möglichen Stimmungen im Gebirge eindrucksvoll einzufangen und festzuhalten. Das ist eine neue Art von Romantik und Verehrung der Gipfelwelt, wie sie auch die frühen Bergsteiger empfinden mußten.

Wie steht es mit der Poetik? Lieder und Gedichte über die Zugspitze tauchen nur vereinzelt auf. Weder Romane noch bedeutende Novellen sind über den höchsten deutschen

Berg verfaßt worden. Dagegen ist der Watzmann mit ›seinen sieben Kindern‹ in literarischer wie mündlicher Überlieferung ungleich lebendiger geblieben. Mag sein, daß der spröde Name ›Zugspitze‹ die Dichtung nicht allzu sehr beflügelte, während der ›Watzmann‹ sofort personale Assoziationen und dramatische Vorstellungen wachruft. Aus dem selben Grund hat sich auch der lebendige Sagenkreis um die versteinerte ›Frau Hitt‹ bei Innsbruck erhalten. ›Pathetik‹ vermochte die Zugspitze nur damals zu wecken, als es um den Patriotismus bei der technischen Erschließung ging.

Es gibt nicht einmal ein typisches Volkslied über die Zugspitze. Selbst im bekannten »Lied vom Loisachtal« taucht sie nur anfangs auf: »'S gibt nur oa Loisachtal alloa, oa Zugspitz' und oan Waxnstoa ...« Dieses Lied entstand um die Jahrhundertwende und kann mit altem Volksgut nicht verglichen werden.

Selbst der Berglyriker Leo Maduschka, der 1932 24jährig bei einem Unwetter an der Civetta an Erschöpfung gestorben ist, das ›Dichteridol‹ vieler Alpinisten jener Zeit, widmete der Zugspitze nur einen kurzen ›Blick‹: »... sternflimmernder Mainacht, kühl über einer schneeglitzernden Winterwelt«.

Zahlreich erschienen sind allerdings sachliche Berichte und Schilderungen über die Zugspitze.

Ein Nachwort auf die Zukunft

Das nächste Jahrtausend hat für die Zugspitze, wie wir hörten, bereits begonnen. Seit März 1985, als der Direktor der Bayerischen Zugspitzbahn AG, *Dr. Peter Hirt,* die Pläne seines Unternehmens bekannt gab, entsteht nach und nach das ›Skizentrum 2000‹!

Heute schon platzen an Skiwochenenden im Tal zu Füßen der Zugspitze die Parkplätze aus allen Nähten. Sonntage mit über 6000 Skifahrern am Platt sind keine Seltenheit mehr. Ja es werden noch viel mehr werden, wenn die Infrastruktur für den Reiseverkehr im bayerischen Oberland verbessert wird: Eine Autobahn-Trasse Ulm-Kempten-Reutte-Fernpaß und eine Schnellstraße Reutte-Garmisch sind vorgesehen und teilweise schon in Angriff genommen. Im Bereich Reutte wurden bereits größere Tunnel- und Straßen-Stücke gebaut. Die Autobahn von München durchs Loisachtal nach Garmisch reicht bereits bis Eschenlohe. Der restliche, bereits projektierte Teil wurde nach 15jährigen, heftigen Kämpfen mit den Umweltschutzorganisationen nur als vierspuriger Bundesstraßen-Ausbau mit höchster Dringlichkeit beschlossen. Bis 1995 soll Garmisch-Partenkirchen also mit Autobahn-Tempo erreichbar sein. Auch der Ausbau des allzu steilen ›Zirler Berges‹ auf Tiroler Seite ist im Gespräch, um eine schnelle Verbindung Inntal-Garmisch-Partenkirchen herzustellen. Außerdem sollen zwei Tunnel-Umgehungsstraßen den Kurort selbst vom Fernverkehr befreien.

Ab dem Jahr 2000 wird die Zugspitze wohl der ›Verkehrsknotenpunkt‹ der Nordalpen schlechthin sein. Ob bis dahin die Bahnverbindung, mit Intercity-Zügen befahren, zur Schnellstrecke begradigt und doppelgleisig geworden ist, erscheint fraglich. Bis 1984 hatte dieses Projekt Chancen, da Garmisch-Partenkirchen erneut für Olympia kandidieren wollte. Nachdem aber 1985 Berchtesgaden nominiert wurde, verschwanden die Bahnprojekte wieder in der Schublade. Der Bau eines Flugplatzes zu Füßen der Zugspitze wurde bisher immer noch abgelehnt, um eines der letzten einigermaßen ungestörten Erholungsgebiete zu schonen: das Loisachtal mit seinen Mooren und Flußauen.

Der Zug-Kraft der Zugspitze ist es mit zu ›verdanken‹, daß jüngst mehrere Komfort-Hotels in Garmisch-Partenkirchen wie Pilze aus dem Boden schossen und zusätzlich eine Mehrkapazität von rund 2000 Betten schufen. Dabei fristeten noch zu Anfang dieses Jahrhunderts Kleinbauern, Handwerker, Taglöhner und ›Holzer‹ ein ärmliches Dasein in stillen, verträumten Tälern. Als im Mittelalter die Kaufmanns-Karawanen zwischen Venedig und Augsburg mit kostbarer Fracht durchzogen, Waren lagerten und Pferde wechselten, blühte das ›Goldene Landl‹; aber nach Entdeckung des Seeweges nach Indien verarmte das einst wohlhabende Werdenfels. Im 19. Jahrhundert hungerten viele zu Füßen der Zugspitze, von der sie nichts hatten, als den schönen Anblick. Heute genießt die einheimische Bevölkerung einen hohen Lebensstandard: Fremdenverkehr, Alpinismus und Wintersport haben das Ihre dazu getan.

Dabei haben die Garmischer und Partenkirchener ›Pioniere‹ die eigentlichen Grundlagen für den hochentwickelten Tourismus des Zugspitzgebietes geschaffen. Die Gipfelrundreise über die Zugspitze ›in Hausschuhen und ohne einen Tropfen Schweiß zu vergießen‹, gehört wohl zu den Spitzenerlebnissen, die Menschen ermöglichten. Speziell die örtliche Sektion des Alpenvereines hat sich um die bedeutendsten frühen Erschließungen und um die Betreuung von Hütten und Wegen besonders verdient gemacht.

Die Skiclubs von Garmisch (SCG) und Partenkirchen (SCP) brachten Spitzensportler hervor und organisierten auch Großveranstaltungen wie die Olympischen Winterspiele von 1936. Heute richten sie Wettkämpfe von Weltformat aus. Das gleiche gilt für den berühmten Sportclub Riessersee (SCR) auf dem Gebiet der Eissport-Disziplinen.

Es liegt nahe, daß man das schneesichere Zugspitzplatt auch für den alpinen Wettkampf-Sport nutzen wollte. Die Lift- und Streckenbauten zielten mit in diese Richtung. Man greift eine alte Tradition wieder auf, die vor 40 Jahren begründet wurde: Nach dem Zweiten Weltkrieg fanden viele Jahre lang, zur Eröffnung oder zum Schluß des Skiwinters, auf dem Platt große internationale Rennen statt. Sie sollten den Wintersport wieder hoffähig machen, internationale Freundschaften knüpfen und helfen, die Ressentiments der NS-Zeit vergessen zu lassen.

Später galt das Platt als Ausweich-Platz für alpine Rennen bei Schneemangel im Tal. Seit 1985 stehen am Platt zwei Pisten zur Verfügung, die mit je gut drei Kilometern Länge internationalen Anforderungen genügen können. Nach dem Verlust der Olympia-Kandidatur will sich Garmisch-Partenkirchen zunächst auf Austragungen von Ski-Weltmeisterschaften konzentrieren.

So ist der höchste deutsche Berg nun eingesponnen in ein Geflecht technischer, wirtschaftlicher, sozialer, gesellschaftlicher, sportlicher und internationaler Interessen. Auch das macht die Eigenart dieses Eckpfeilers der Nordalpen aus, der uns immer wieder in seinen Bann zieht.